# 出雲の祭りと地域文化

いづも財団叢書 7

公益財団法人いづも財団
出雲大社御遷宮奉賛会
［編］

口絵１　日御碕神社（出雲市大社町）の和布刈《めかり》神事
旧暦１月５日に大社町宇龍港内の権現島にて日御碕神社宮司・神職が箱メガネで新しい和布を刈り上げる神事。豊漁を祝う予祝神事である。（ミサキどっとCome提供）

口絵２　槻之屋《つきのや》神楽（雲南市木次町）の勧請《かんじょう》

勧請は七座神事の一つとして扱われ、中央に吊るされた二つの天《てん》蓋《がい》（チュウレンと呼ぶ）が上下に動く。槻之屋神楽は佐陀神能の影響を受けた神楽であるが、佐陀神能にない天蓋や千道《ちみち》などの舞台飾りを伝えるとともに、「三宝荒神」「大歳」「亥日祭」など他地域にない演目を伝える。（島根県古代文化センター提供）

口絵３　佐志武《さしむ》神社（出雲市湖陵町）の神事華《じんじばな》
毎年10月の第３土・日曜日に佐志武神社の例大祭に合わせて、五穀豊穣・家内安全・無病息災を祈って地区民手作りの祭り花が奉納される。写真は神社に祭り花が終結したところ。（出雲市湖陵町　野坂俊之氏提供）

口絵４　水上渡御祭ホーランエンヤ（松江市）

松江城の城山稲荷の御神霊を阿太加夜《あだかや》神社に迎えて五穀豊穣を祈願し、１週間後に再び宍道湖を渡って城山稲荷に帰る神幸祭である。江戸後期になると、これに曳船（櫂伝馬船）が加わり、華やかになった。日本三大船神事の一つに数えられる。

# 目次

## 第四章　神霊の巡幸と風流道中（第四回講座）



## 第五章　神々に五穀豊穣を報告・感謝する神事（第五回講座）

# 序章

# 第Ⅰ期公開講座の主旨と実施状況

# 第Ⅰ期公開講座の主旨と実施状況

公益財団法人いづも財団事務局

## 一　公開講座の主旨と計画

### 1　公開講座の主旨

　当財団では、平成二十四年度から同二十九年度までの六年間、出雲大社の「平成の大遷宮」に合わせて、公開講座を実施した。全体テーマを「出雲大社と門前町の総合的研究」とし、出雲大社遷宮史や門前町の発展・杵築文学などを主題に、毎年五講座一〇本の講演（シンポジウム・実演も含む）を行ってきた。このような取り組みは、地域の皆様方から好感を持って迎えられ、六年間の受講者総数は四〇〇〇名を超えるほどの盛況であった。

　平成三十年度からは、島根には特色ある祭りや神楽が各地で展開されているが、それらの内容が思ったほど県民の間に浸透していないことから、「島根の祭りと地域文化」を全体テーマとし、二年間をかけて考えてみることにした。

　初年度の今回は、主題を「出雲の祭りと地域文化」とし、出雲地域の特色ある祭りと独自の文化を系統的に考えてみることにした。公開講座は、例年どおり島根県立古代出雲歴史博物館との共催により、五講座一〇講演で開催することにした。

### 2　公開講座の計画

　上記のような考え方に基づき、講座の計画を立案した。

　第一回講座は、神事とは何か、神事と祭礼とはどう違うかなど概念規定から始めることにした。また、神事は直会《なおらい》も含むので、出雲の直会文化についても、あらためて考えてみることにした。

　第二回講座は、祭りは年間をとおして行われるが、どのように構成されているかについて考えてみることにした。ここでは、中世の年中行事の記録が豊富に存在し、かつ研究が進んでいる出雲大社を取り上げることとした。また、出雲大社の司祭者である国造家には独自の行事食が伝えられている。ここでは行事食から当地域の中世の「食」文化についても考えてみることにした。

祭りの年間サイクルは、予祝・神迎え↓神々の巡幸↓神への感謝・神送りと続く。第三回講座は、このうち、予祝神事・神迎え神事に焦点を当て、日御碕神社（出雲市大社町）の和布刈《めかり》神事と神楽からみた神迎えを例に考えることにした。

第四回講座は、神々の巡幸を佐志武《さしむ》神社（出雲市湖陵町）の神事華《じんじばな》と日本三大船神事といわれる水上渡御祭《とぎょさい》ホーランエンヤ（松江市）を通して、神々の巡幸が実際にはどのように行われているかについて考えてみたいと思う。

第五回講座は、神々へ五穀豊穣を感謝する神事を、出雲大社の古伝新嘗祭《こでんしんじょうさい》と横田神社（松江市美保関町）の頭屋神事「はんぼかべり」を事例に紹介する。出雲はもちろん国家をも対象にする神事と出雲の一地域を対象にした神事とでは、その規模も知名度も大いに異なるが、どちらも神々へ感謝する神事である。

このような内容を一覧表にまとめたのが、次ページの計画表である。

## 二　公開講座の実施状況

第一回講座（平成三十年五月二十六日（土））

会場　島根県立古代出雲歴史博物館

主題　神事と祭礼

演題Ａ　神事と祭礼

講師　品川知彦　先生

（島根県立古代出雲歴史博物館学芸企画課長）

品川先生から、これからの公開講座の根幹に関わる「神事（祭）」と「祭礼」の違いについて説明があった。神事（祭）とは、神職や氏子・信者のみによって夜に行われる本来的なもの、祭礼とは神事に見物人が加わって昼に行われるもので、中世の都市文化の影響によって観客が加わり、華やかになったとの説明があった。近年、行政が観光目的から神事を祭礼化していく傾向が見られるとの指摘もあった。

また、神事（祭）には祭典、直会、饗宴の流れがあり、直会は神の恩恵に預かる場、饗宴は人間同士の一体化の場であり、いずれも重要な役割をもっているとのことであった。

表１　いづも財団公開講座　平成30年度
全体主題：島根の祭礼と地域文化（平成30年度～令和元年度　２年間）
第Ⅰ期（平成30年度）主題：出雲の祭りと地域文化

| 回 | 講座テーマ | 講演題目及び講師名 | 開催期日 |
|---|---|---|---|
| 1 | 神事と祭礼 | A：神事と祭礼（70分）<br>品川知彦（県立古代出雲歴史博物館学芸企画課長）<br>B：お神酒あがらぬ神はなし～出雲の直会文化～（70分）<br>錦田剛志（万九千神社宮司） | 【平成30年】<br>５月26日（土）<br>13:30～16:10<br>島根県立古代<br>出雲歴史博物館 |
| 2 | 出雲大社の年中行事の特質と地域文化 | A：中世出雲大社の年中行事と御頭《おんとう》神事（90分）<br>井上寛司（島根大学名誉教授）<br>B：出雲国造家の年中行事と中世の「食」文化（50分）<br>山﨑裕二（公益財団法人いづも財団事務局長） | ７月28日（土）<br>13:30～16:10<br>島根県立古代<br>出雲歴史博物館 |
| 3 | 予祝・神迎えの神事と芸能 | A：豊漁の神を迎える和布刈《めかり》神事（70分）<br>内田律雄（海洋考古学会代表）<br>B：神楽における神迎え（70分）<br>石山祥子（島根県古代文化センター研究員） | 10月13日（土）<br>13:30～16:10<br>島根県立古代<br>出雲歴史博物館 |
| 4 | 神霊の巡幸と風《ふ》流《りゅう》道中 | A：佐志武《さしむ》神社（湖陵町）奉納神事と神事花《じんじばな》（60分）<br>野坂俊之（出雲市教育委員会課長補佐）<br>B：五穀豊穣を祈願する<br>水上渡御祭ホーランエンヤ（80分）<br>安部　登（松江ツーリズム研究会副理事長） | 12月８日（土）<br>13:30～16:10<br>島根県立古代<br>出雲歴史博物館 |
| 5 | 神々に五穀豊穣を報告・感謝する神事 | A：豊作を祝う神人饗応<br>～横田神社（美保関町）「はんぼかべり」その他（60分）<br>中野洋平（島根県立大学人間文化学部講師）<br>B：出雲大社の古伝新嘗祭《こでんしんじょうさい》（80分）<br>岡田莊司（國學院大学文学部・神道文化学部教授） | 【平成31年】<br>３月２日（土）<br>13:30～16:10<br>島根県立古代<br>出雲歴史博物館 |

※役職名は、講演会当日の役職名になっています。

演題B　お神酒《みき》あがらぬ神はなし～出雲の直会文化～

講師　錦田剛志　先生（万九千神社宮司）

錦田先生は、宮司の立場から神事（祭）での神職の役割と苦労話から始められた。お神酒は清浄でありがたいもので、神饌・お供え物の中心的な存在であり、祭りは神酒づくりから始まり、その神酒を飲みほしたところで終わるもので、この神酒こそが直会の必需品であるとのことであった。

それは神々と人々が杯を交わし、お下がりをいただいて神の霊力を人間が取り込んでいく場面であり、一つの祭礼に奉仕する共同体の成員がさらなる結束、団結を育む重要な儀式であるとのことである。そのため、直会とは礼講であり、饗宴は無礼講《ぶれいこう》で、両者は似て非《あら》ざるものだとの説明があった。

神職でない者にとっては初めて知る内容が多かったが、錦田先生は根拠に基づき、わかりやすく笑いを交えながら、楽しく話していただいた。

第二回講座（平成三十年七月二十八日〈土〉）

会場　島根県立古代出雲歴史博物館

主題　出雲大社の年中行事の特質と地域文化

演題A　中世出雲大社の年中行事と御頭《おんとう》神事

講師　井上寛司　先生（島根大学名誉教授）

井上先生は、年中行事は慣例として行われるもので、文字として記録されず口伝《くでん》が一般的なため、詳細がわからないことが多いが、出雲大社にはたくさん史料が残されているために、研究する材料は豊富だとのことだった。出雲大社で行われていた年中行事は、出雲地域の農事暦としての機能をもつとともに、他国の神社などに見られない独自の特徴と、全国的な共通性の両方を兼ね備えているとの指摘があった。

中世の年中行事の変遷は大きく五期に分けられ、その中でも年間四回行われる御頭神事（歩射《ぶしゃ》神事、三月《さんがつ》会《え》、五霊会《ごりょうえ》、九月会）は、国造や神職だけでなく民衆も加わって行われる地域ぐるみの祭礼であり、出雲大社にとって重要なものであったと話された。

演題B　出雲国造《こくそう》家の年中行事と中世の「食」文化
講師　山﨑裕二　先生
（公益財団法人いづも財団事務局長）

山﨑先生は、慶長三（一五九八）年に出雲大社北島家方上官《じょうがん》の稲岡孝忠《のりただ》によって著された年中行事の覚書をもとに、北島国造家の年中行事や行事食の特色について話された。

行事食の観点から見ると、正月元日、国造家では家族で三献式《さんこんしき》と雑煮による内祝を行った後、出仕した上官や社人に埦飯《おうばん》を振舞い、豆腐の吸い物で一献し、国造自らの酌で一人一人が盃を受けた。翌日からは、門前杵築や近隣の村々から百姓衆や僧侶らが、酒や米・茶など持参し年賀に訪れた。国造は、彼ら一人ひとりに手酌で酒を振舞ったとのことだった。

料理はそれぞれの行事に応じて、酒・雑煮・豆腐の吸い物・餅・せり焼き・ゆで芋・大根なますなどが出されたが、現在の料理と比べれば、簡素なものだったことを知った。また、当時の宴会には「しきたり」があり、その「しきたり」の遺制は、今日の結婚式の「三三九度」などにみられるとのことである。

第三回講座　（平成三十年十月十三日〈土〉）
会場　県立古代出雲歴史博物館
主題　予祝・神迎えの神事と芸能
演題A　豊漁の神を迎える和布刈《めかり》神事
講師　内田律雄　先生（海洋考古学会代表）

和布刈神事は、初和布《わかめ》を刈り取って、それを神前に捧げる神事である。旧暦の正月五日に豊漁を祈願して行われる日御碕神社の和布刈神事はよく知られている。

内田先生は、この和布刈神事の起源について、『出雲国風土記』などを活用して説明された。それによると、古代の島根半島沿岸では良質の和布（海藻）が採れ、神社に奉納されていたようであり、日御碕神社も風土記に「美佐伎社」と記載があることから、古くから和布が献納されていたのではないかと説明された。

なお、神事を行う場所は、当初は日御碕の経島《ふみしま》だったが、冬場に海が荒れるので、いつほどからか宇龍の権現《ごんげん》島《じま》に移ったのではないかと話された。

演題B　神楽における神迎え
講師　石山祥子　先生
（島根県古代文化センター研究員）

石山先生は、まず神楽の基礎知識についてお話しいただいた。それによると、神楽を執行する目的の一つは神をその場に勧請《かんじょう》することであり、この目的を達成するために神が降りたことを示す所作や儀式が考えられるようになったとのことであった。
また、迎えられる神もその多くは祖先神であり、場所も路上とか田圃、船上、河川敷などさまざまであったとのことである。
これが今日のように演目が整理されるのは、江戸初期に起こった佐陀神能の影響が強いとの説明があった。なお、大元神楽（石見）のようにその影響をあまり受けていない神楽もあるとの説明があった。

第四回講座（平成三十年十二月八日〈土〉）　会場　県立古代出雲歴史博物館

主題　神霊の巡幸と風流道中

演題A　佐志武神社（湖陵町）奉納神事と神事華《じんじばな》

講師　野坂俊之　先生
（出雲市教育委員会課長補佐）

出雲市湖陵町の佐志武《さしむ》神社では、毎年十月十八日・十九日の両日に例大祭が行われ、神事華と神事舞が奉納される。神事華とは、檜または杉の心棒を中心に、丸く垂らした七〇本余りの細い竹に、金・銀・紺など、色とりどりの造花を付けたものである。
佐志武神社奉納の神事華の特色は、華の頂上部にカラクリ人形が取り付けられ、これが神が降臨する依り代としての役目を果たしていることであった。人びとは、最後には神の依り代と化した「華」を取り合い、五穀豊穣・無病息災・家内安全といった家のお守りにするとのお話があった。

演題B　五穀豊穣を祈願する
水上渡御祭ホーランエンヤ

講師　安部　登　先生
（松江ツーリズム研究会副理事長）

わが国の三大船神事の一つと呼ばれるホーランエンヤについて、その由来や祭礼、櫂伝馬船《かいでんません》や踊りについて説明があった。
安部先生は、ホーランエンヤは、正式には「式年神幸祭」と呼ばれ、松江城山稲荷神社の御神霊を、およそ一〇キロメートル離れている阿太加夜《あだかや》神社まで船で運び、そこで豊作や繁栄を祈って、再び城山稲荷神社に帰る渡《と》御祭《ぎょさい》が由来であると話された。
また、これに曳船《ひきぶね》が加わるようになったのは、文化五（一八〇八）年に神幸船《しんこうせん》が風浪のために危険な状態になったのを馬潟《まかた》の漁師が助けたことが始まりで、幕末になるとこれに「踊り」を目的とする船も加わり、賑々《にぎにぎ》しい祭礼になったとのことである。

第五回講座（平成三十一年三月二日〈土〉）
会場　県立古代出雲歴史博物館
主題　神々に五穀豊穣を報告・感謝する神事
演題Ａ　豊作を祝う神人饗応
～横田神社（美保関町）「はんぼかべり」その他
講師　中野洋平　先生
（島根県立大学人間文化学部講師）

島根半島の美保関町には、「はんぼかべり」というユニークな祭りが行われている。「はんぼ」とは、神饌《しんせん》を入れる底の浅い飯櫃《めしびつ》のことである。氏神に神饌を献上する儀礼であり、豊作を感謝する祭りと言われている。
中野先生は、この祭りの特色をＤＶＤにより、解説していただいた。それによると、この祭りは豊作に感謝するということだけでなく、氏神を世話する頭屋《とうや》を交代する儀式でもあり、籾摺《もみす》りも行われることから、年頭儀礼の可能性もあるとの説明があった。

演題Ｂ　出雲大社の古伝新嘗祭《こでんしんじょうさい》
講師　岡田荘司　先生
（國學院大学文学部・神道文化学部教授）

岡田先生は、まず古代出雲は大和、伊勢に次ぐ位置にあり、古代まで遡ることができる祭祀が、毎年十一月二十三日に斎行される古伝新嘗祭であるとの説明があった。
古伝新嘗祭は、出雲大社の祭主である国造が神恩を感謝しその年の新穀を御神前にお供えし、自らも食して霊の甦《よみがえ》り、復活を果たし、併せて今後の国家繁栄、五穀豊穣を祈念する祭りである。
祭式は、四方拝礼、相嘗《あいなめ》式、歯固《はがため》式、百番の舞、御釜の神事などから構成されているが、歯固式は国造の長寿延命、百番の舞は五穀豊穣を神々に報恩感謝するなど、それぞれの祭式には深い意味があるとの説明があった。

## 三　受講者の状況

平成三十（二〇一八）年度の当財団の公開講座は、主題を「出雲の祭りと地域文化」とし、島根県立古代出雲歴史博物館を会場に五回実施した。それぞれの講座に出席した受講者数は、左記のとおりである。

○第一回講座（五月二十六日）………一〇七名
○第二回講座（七月二十八日）………一〇五名
○第三回講座（十月十三日）…………一〇六名
○第四回講座（十二月八日）…………一〇八名
○第五回講座（三月二日）……………九一名
計　五一七名

受講者総数は、延べ人数で五一七名であった。当財団では、会場の関係で毎回の講座の定員を一〇〇人程度としているので、概ね見込みどおりということになった。

受講者を地域別にいえば、出雲市（大社町を含む）からが圧倒的に多く、全体の約七五％を占めた。これは、会場に近くしかも出雲大社のことを事例に取り上げた講演が多いことが理由かと思われる。次いで松江市、雲南市、奥出雲町、大田市、県外（鳥取県）の順であった。

今年度の受講者で特色的なことは、講師が事例として取り上げる神社に関わる氏子や団体の受講がかなりあったことである。第三回講座では日御碕神社（大社町）の氏子の皆様、第四回講座では佐志武神社（湖陵町）の氏子の皆様、また第五回講座では横田神社（美保関町）の氏子の皆様の顔を会場でお見かけした。

今回は特別な案内はしなかったが、これほど熱心にご参加いただけるならば、氏子や関係諸団体にチラシを配布するなど、呼びかけも必要かと思った。

# 第1章

# 神事と祭礼

# 祭と祭礼

品川知彦

今後、この講座で展開される島根県の様々な神事・祭礼に関わる議論の前提として、祭（神事）・祭礼といった言葉そのものの意味を整理する。その上で、祭礼は全体として、神に奉仕し、神を活性化させるとともに、その霊力を「祭」の参加者に及ぼし、さらには芸能などを発達させ、社会的統合をもたらすといった機能を有していることに触れる。

**しながわ・としひこ**
昭和三十八（一九六三）年山口県生まれ。東北大学大学院文学研究科博士課程前期修了。島根県立古代出雲歴史博物館学芸企画スタッフ調整監。専門は宗教史・宗教民俗学。
【編著書・論文等】
『出雲大社』（共著、柊風社、平成二十五年）、『出雲大社の祭礼行事』（共著、古代文化センター、平成十一年）など

## はじめに

本稿は、今後この講座で展開される島根県の様々な神事・祭礼に関わる議論の前提として、祭（神事）・祭礼といった言葉そのものの意味を整理することを課題としたい。とはいえ、筆者はこれまで儀礼論などといった理論的な研究を疎かにしており、辞書的な意味や先行研究の紹介の域を越えるものではないことをあらかじめ御了承いただきたい。

## 一　祭と祭礼

宗教人類学者である鈴木正崇は、『日本民俗大辞典』の中で祭と祭礼を次のように定義している[1]。

祭：神霊を招き迎え、供物や歌舞を捧げて歓待・饗応し、祈願や感謝をして慰撫すること。

祭礼：信仰に基づく神事に観客が加わって、見る者と見られる者が分離し、饗宴・喧噪・風流《ふりゅう》[2]などの華やかさが増大した祭。

祭と祭礼の意味内容の違いは、基本的に見る者（見物人）の存在の有無にあり、祭礼では見せることを意識するため内容が華やかになっていくとしている。

　この区分の背景には、おそらく柳田国男の影響があるだろう。柳田は『日本の祭』の中で次のように論じている。

> 祭禮はつまり祭の一種、特に美々しく花やかで樂しみの多いものと定義することが出來るかもしれぬ。或はもつと具體的に、見物といふものが集まつて來る祭が、祭禮であると謂つてもよいかも知れない（後略）[3]。

> 日本の祭の最も重要な一つの變わり目は（中略）見物と稱する群の發生、即ち祭の參加者の中に、信仰を共にせざる人々、言はゞたゞ審美的の立場から、この行事を觀望する者の現はれたことであろう[4]。

> 祭禮は晝間のもの、「祭」はもと夜を主とするものであつたと言つても誤りは無いやうだ[5]。

> 多くの土地の祭を「祭禮」にしてしまつたのは、全體としては中世以來の都市文化の力であつたと言ひ得るのである[6]。

つまり、基本的には中世以後、都市文化の発達によって、見物人という「群」が発生することによって、祭礼が発生したとしているのである[7]。その担い手は氏子・信者など本来の信仰集団以外の者を含むようになり、見物を想定する以上、見せるために昼になされることが多いとするのである。

　それでは柳田は祭をどのように捉えているのだろうか。

> 夕から朝までの間の一夜が、我々の祭の大切な部分であつて、主として屋内に於て、庭には庭燎《にはび》を焚いて奉仕せられたのであつた[8]。

> 諸人は清まつた装束のまゝで、夜どほし奉仕するのが「日本の祭」であつた[9]。

> マツルは（中略）今でいふならば「御側に居る」である。（中略）具體的に言へば御樣子を伺ひ、何でも仰せごとがあれば皆承はり、思召のまゝに勤仕しようといふ態度に他ならぬ[10]。
>
> 「籠る」といふことが祭の本體だつたのである[11]。

祭礼とは逆に、祭は本来、氏子や信者のみによって担われ、夜に潔斎して屋内に籠もり、聖なるものに仕えることが本来的なものとしているのである[12]。日本の固有信仰を求める柳田にとっては、祭礼は「群」の発生により変化を遂げた付随的なものであったとみなすことができよう。

さらに柳田は、祭から祭礼の変化について次のように論じている。

> 祭から祭禮へ、參籠からだゞの祭拜へ、移つて來なければならぬ事情は外部にあつたのみならず、內にも夙くからさういふ傾向を、備へて居たかと思ふ場合は多い[12]。

祭から祭礼への変化を中世以来の「群」すなわち見物の発生を一つの契機とみたことについてはすでに述べたが、いわばこれは外的要因であって、その契機には内的要因もあったとするのである。例えば、祭場の場を目立たせるために、幟に字を染めたり、夜に降臨する神々に降臨の場所の目印として、神高い柱の頂点に火を灯したり、松明、高張提灯などを用いるようになったことなどである。柳田はこのように、本来の祭から祭礼への変化を内的・外的の二面から論じている。

祭と祭礼の意味内容の違いを紹介してきたが、現在、一般的な認識からすれば、神楽・獅子舞・相撲などの芸能や山車・神輿渡御など（いわゆる神賑い）を含めたもの、ここで言う祭礼を広く「祭」とみなしているのではないだろうか。その意味では、本来の信仰集団のみによって担われ、群を意識せず、担い手の意識が聖なるもののみに向かうものを狭義の祭（神社祭祀の文脈でいえば神事）、本来の信仰集団以外の者を担い手に含みながら、聖なるものとともに、群にも意識が向かうもの、すなわち祭礼を広義の「祭」と捉えることもできよう。

確かに、前述した柳田のように祭の原型を求めたり、神事とは何かといった神（道）学的な関心、都市祭礼など聖なるものとの関わりが少なくなりつつある過程、いわば祭のイベント化の分析、本来聖なるものとの関わりがない、もしくはそれを主要な要素としない行事、いわばイベントとして始まったものが、逆に神社祭祀をその構成要素に含むようになるような事例の分析などにおいては、祭と祭礼（もしくは狭義・広義の祭）の区分は分析概念として有効かもしれない。しかし、後述するような「祭」全体の機能、また「祭」といえば露店での買い物や華やかな神輿渡御見物といった楽しみにあった、という自分の幼い頃の経験からしても、祭礼を含めて「祭」なのであり、基本的には「祭」を全体として捉えることにこそ意味があるのではないだろうか[13]。

## 二 「祭」の構成1――神祭り・直会・饗宴――

それでは、祭礼（「祭」）は、どのような構成から成り立っているのだろうか。祭礼文化研究で名高い倉林正次の『祭の構造』を紐解いてみよう。

倉林によれば、（日本の）「祭」の基本構造は神祭り・直会・饗宴の三部から構成されているとする[14]。神祭りは、神に神酒・御食を献供し（たてまつり）、それによって神に奉仕・服従することである。そして神祭りにおいてタマフリを行う[15]ことで、聖なるものの威力を増大させるとする。また「祭」を担うにあたっては、神祭りが可能な身になるように潔斎が必要とされている。倉林の規定する神祭りは、前述の議論における祭に相当しよう。

「祭」のための潔斎という点では、島根県内では青柴《あおふし》垣《がき》神事や諸手船《もろたぶね》神事がなされる美保神社（松江市）の當屋や頭人《とうにん》（一年神主）の潔斎の厳しさがよく知られている。美保神社は、二つの本殿が客殿でつながる美保造と呼ばれる独特な本殿形式で建造されている。向かって右の本殿がミホツヒメを祀る大御前《おおごぜん》、左がコトシロヌシを祀る二の御前である。ミホツヒメに仕える當屋が一の當屋、コトシロヌシに仕える當屋が二の當屋と呼ばれる。當屋は四月七日を中心としてなされる青柴垣神事において主要な役目を果たすが、この神事にあたって、當屋は當指しを受けてから一年間、原則的には毎日潮カキ・日参を行なわなければならず、人混みを避け、葬式などにも出席せずに潔斎の生活をしなければならない。このような潔斎を通じて青柴垣神事では、神が憑依するとされる依り代となるのである。

写真１　美保神社頭人の青柴垣神事に向けての才浦潮カキ（４月４日）

頭人は、頭指を受けてから頭人になるまで三年間、原則的に、當屋同様に潮カキ・日参などが課される。三年間にわたる潔斎を通じて（千日の行とも呼ばれる）、はじめて神託を窺うことができる身となり、また近世では二の御前の神主としての役割を果たすことができたのである。

佐太神社（松江市）の茣蓙替《ござがえ》神事（九月二十四日）においても、数日前に宮司は古浦にて身を清め、別火の食事をとって神事を迎えている。また現在、出雲地方の一〇社でなされている神在祭においても、「お忌みさん」という名の通り、周辺の住民も含めて歌舞音曲を慎むなどの物忌み（潔斎）の生活を基本的には送ることになっていたのである[16]。

直会は、神に供えた神酒・御食をいただくこと、すなわち神との共食である[17]。それによって「神の有する威大な霊力を、人々がそれぞれ自分の身体のなかにいれることができる」[18]のである。現在では、様々な会合が終わった後に、会合とは別に設けられる宴会を直会と呼ぶことが多いが、本来は神との共食という「祭」の重要な役割を担っていたのである。

饗宴は、いわゆる酒宴で、自由な雰囲気の中でなされるものとされる。さらにそこは「芸能の場」[19]でもあり、また「地域の人びとのコミュニケーションの場」、「共同体意識の高揚の場」[20]といった、「社会的意義」を有するものとされている。さらに饗宴には、「祭りの神聖な生活から人びとを開放する橋渡し」[21]、すなわち潔斎した生活が解かれる解斎の性格も併せ持つとしている。この饗宴の部分は、芸能を発達させ、また地域の社会的統合を確立させるなどの機能を有するとともに、解斎の役割をも果たしたと捉えられているのである。

倉林が指摘した「祭」の構造は、神前結婚式など比較的新しい式典などでも見られるという。そこでは神職によるいわゆる神事がなされた後に、新郎新婦による三々九度の盃、親族固めの盃がなされる。その後、多くは場所を移して披露宴となる。神前結婚式では、神職による神事が神祭り、盃ごとが直会、披露宴は饗宴と位置づけられている。また披露宴そのものにおいても、（1）媒酌人の新郎新婦の紹介・来賓挨拶、（2）乾杯・ケーキ入刀、（3）余興、と大体の流れが決まっている。これも見方によれば三段構成を取っており、また新郎新婦によってナイフが入れられたケーキは参加者に配られるが、これも直会における共食と見ることもできるとしている[22]。

同様に佐陀神能（松江市）は七座（直面《ひためん》の儀式舞）、式三番《しきさんば》（祝言舞）、能舞（神話などを素材とした仮面劇）の三部構成をとっているが、これも三段構成に匹敵する性格を持つとされている[23]。

また神社でのいわゆる神事の後に、社務所でなされる直会においても一定の次第があるという。つまり最初は冷酒が回された後に熱燗が回されるが、ここでも冷酒が直会、熱燗が饗宴の部分と位置づけることができるという[24]。

確かに、美保神社の青柴垣神事の後、神事会所でなされる直会においても、最初になされる神酒三献は冷酒が用いられるが、その後、熱燗に変わる。また翌日（八日）の後宴祭振舞（真魚箸式《まなばし》）でも、一献目・二献目では青柴垣神事のために作られた甘酒が配られるが、三献目からは熱燗に変わる。

このように倉林にしたがえば、「祭」は全体として神に奉仕し、神を活性化させるとともに、その霊力を「祭」の参加者に及ぼし、さらには芸能などを発達させ、社会的統合をもたらすといった機能を有していることになろう。

## 三　「祭」の構成2―三段構成―

倉林の「祭」の構造論にふれてきたが、倉林とは異なる視点で「祭」の三段構成を捉える議論がある。例えば鈴木正崇は冒頭に挙げた『日本民俗大辞典』の「まつり」の項目の中で以下のように指摘している[25]。

第一段階「分離」：物忌・精進・潔斎などによって、日常生活から離脱する。

第二段階「移行」：非日常的世界に没入し、異様な服装や化粧で変身して日常の社会的地位を隠し、舞踏や芸能、独特の音で熱狂に導く。時には厳粛で厳かな雰囲気に浸る。

第三段階「合体」：日常生活に立ち戻る。

その上で、「祭」を通して現実の利害対立や矛盾を留保して社会を再生させることを指摘している。

また、宗教学者・神道学者である薗田稔も『神道史大辞典』の「まつり」の項目において、同様な指摘をしている[26]。

「分離」：精進・潔斎などによって日常生活から離脱する。

「移行」：来臨した神を歓待する「饗宴」を繰り広げるうちに神威を高めた神と人との開放的な交流が図られる。祭神が神輿や神馬に乗り、地域を巡行して神威を全体に施し、住民もそれを歓待して歌舞芸能などの賑わいを供する。神と人との融合と交歓のなかで社会が一時的にも秩序を溶解させ開放させる。

「再統合」：日常生活に立ち戻り、新たな気分で日常の秩序に立ち戻る。

どちらも「祭」の構成として、第一に、聖なるものに近づける身になるために、潔斎を行い、日常から「分離」される段階、第二に、日常を離れた（非日常の）身分において、芸能や神輿渡御などいわゆる神賑いがなされ、神と人、人と人との交流が図られる「移行」の段階、第三に、新たな気分で日常に戻る「再統合」の段階が想定されている。そして「祭」全体を通して、利害関係などの克服によって社会の再生を図られるといった機能を認めているのである。

適切な例ではないかもしれないが、社会の再統合を企図してなされた「祭」として、第一〇回隠岐古典相撲を挙げておこう。古典相撲は祝事のあった地域を座元とし、それ以外の地域が寄方となって、この座元・寄方からそれぞれ地域の代表としての力士を選出し、夜を徹して行われる相撲である。第一〇回大会は銚子ダムの竣工を記念して島前を含め全島挙げて行われた。その開催要項には次のように記されている。

ダム建設にあたりましては地権者を始め地域住民に多大な犠牲と迷惑があったことも事実であります。このさい、今日までの複雑な地域の感情を一掃し、今後は美しい自然に浮かぶ銚子ダムを地域興しの起爆剤として活用したいと存じます。

写真２　行司口上

また、古典相撲の開催意図を伝える行司口上（写真２）においても、ダム竣工に至るまでの地域内のしこりについて触れ、相撲を通して地域の融和を図ろうとしようとすることに触れていた。そして実際、三重（枚）土俵脇には地権者用の桟敷も設置されていた。このように、少なくとも第一〇回大会は、全島挙げて相撲を行うことによって、地域社会の再生と地域の連帯が企図され、地域から選出された力士を勝たせたいという地域の想いを通じて、おそらくそれは実現されたと考えられよう[27]。

以上、二つの「祭」の構成に関連する議論を紹介してきたが、どちらも「祭」全体として、集団の再生など社会的な機能を有することが示されていることを繰り返し指摘しておきたい。

## 四　イベントと「祭」

一方で、神社祭祀などの宗教的な背景を持たない、いわば聖なるものとの関わりがない（もしくは少ない）行事、いわゆるイベントも、「〇〇祭」の名のもとに行われていることが多い。このような聖なるものとの関わりを持たないものを「祭」の名で呼ぶ、という心性も興味深いが、ここでそれを詳細に論じるには筆者の能力を超えている。とはいえ、いわゆるイベントにも開会式など何らかの式典があり、その催しが終わると宴会（直会）があって日常に復帰するという限りでは、伝統的な「祭」の構成を引き継いでいることは指摘しておいて良いだろう。

都市祭礼などでは、氏子・崇敬者など本来の信仰集団以外の者によって担われることが多くなり、それによって徐々に聖なるものとの関わりが希薄になる、いわば「祭」のイベント化の過程を見ることができるが[28]、ここでは逆に、いわゆるイベントが後に神社祭祀などに結びついていった例を挙げておきたい。

その一つとして松江の夏の風物詩、水郷祭を挙げることができよう。水郷祭は昭和四（一九二九）年から「夏の宍道湖を活用して水郷情緒を強調する」ために、島根の民藝運動の中心人物でもあった太田直行《おおたなおゆき》が松江商工会議所に働きかけて、いわば観光イベントとして始まったとみなすことができる。当初は煙火に加えてソリコ船競争、仮装船行列などもなされ、湖上に竜宮城が築かれたこともあった[29]。しかしながら現在では、水郷祭は嫁が島に鎮座する竹生島神社の例大祭の一環としてなされるようになっており、実行委員会のメンバーもこの例大祭に参加するようになっている[30]。つまり起源的には観光イベントとして発生したものの中に、神社祭祀がその構成要素として組み入れられるようになったのである。

また松江の秋の風物詩であり、また観光資源の一つとして地域づくりにも貢献している鼕《どう》行列（十月第三日曜日）も同様なものとして挙げられよう。

鼕行列はその源流を辿れば、出雲地方・伯耆地方西部に特徴的な正月の歳徳神祭である。歳徳神は、地域全体で祀られる歳神であるが、多くの場合、神輿に祀られ、小正月になされる歳徳神祭においては、その神輿が集落内を巡行する。歳徳神祭としては、巡行の途中に墨付けなされる片江（松江市）の墨付けトンドなどが島根県内ではよく知られている。また旧大社町では、歳徳神は他地域とは異なり吉兆幡に祀られるが、その吉兆幡の巡行が現在でも一月三日に行われている。

さて、松江中心部（町部）では、歳徳神の巡行（宮練り）が明治初年頃から紀元節（二月十一日）と天長節（十一月三日、それ故、近年まで鼕行列はこの日に行われていた）に行われるようになったが、治安上の理由から一時中断した。大正四（一九一五）年、大正天皇の御大典を機に賑わいとして復活したが、その後、宮練りと鼕行列が分離して鼕行列のみが十一月三日に行われるようになった。すなわち正月の歳徳神祭の主要な部分が抜け落ち、宮練りに付随して鼕を叩いていた部分のみが独立したのである。確かに現在でも「歳徳神」の扁額が鼕台に掛けられるなど聖なるものとの関連が見られるものの、経緯から見て、やはり現在見る形での鼕行列は歳徳神祭とは別のものとして、誤解を恐れずに言えば、いわばイベントとして始まったものとみなし得るだろう。

鼕行列は戦時中中断したものの、昭和二十二（一九四七）年に復活し、昭和三十五（一九六〇）年から松江城内に鎮座する松江神社の松江祭（松江開府の祖、堀尾吉晴を偲ぶもの）の一環としてなされるようになっている。また、簸行列の安全祈願祭、行列の順番を決める籤も七月に松江神社でなされている。

いわゆるイベントが逆に神社祭祀などに結び付くようになるのはなぜだろうか。結論的なことは述べることはできないが、イベントにおいても日常とは異なる気持ちを体験する、参加することによって心地よい気持ちと解放感を味わうことができる、といった点などに「祭」との共通点があるからだろうか。イベントが伝統的になるにつれ、神社祭祀など伝統的なものに回帰しようとする担い手の意識があるからなのだろうか。

## おわりに

島根県無形民俗文化財に指定されている鹿子原《かねこばら》虫送り踊（邑南町・七月二十日）は、稲についた虫を集落から追い払う虫送りの行事である（写真３）。旧石見町ではかつては集落ごとに行われ、集落から集落につないで最終的には虫（災厄）は川へと流されていた。虫送りの行事としては現在、島根県内で唯一行われているものである。

写真３　鹿子原虫送り踊

この虫送り踊も鹿子原の集落のみで担うことは難しくなり、現在ではJターン、Iターンの人たちが行事に多く参加するようになっている。また、様々な地域から訪れる写真愛好家たちに配慮して、彼らが美しいアングルで写真が撮影できるように、本来では巡行コースには含まれない場所をも巡行するようになっている。このように虫送り踊は、地域住民と移住者たちの交流の場ともなり、また、前述した保持者会の配慮などもあって訪れる見物人も増え、わずかとはいえ、観光の側面からも地域活性化に貢献するようになってきている。

また石見神楽も見物（見せること）を意識して、新しい所作や地域に伝わる伝承をもとにした新しい演目が考案されるなど活性化している。それにつれて、女性を含め神楽を舞いたい若者が本来の伝承地以外からも新たに担い手に加わるようになってきている。また、子ども神楽も盛んで、多くの神楽団体は子ども神楽をその下部組織に持っている。このような神楽の活性化は、和紙や面作りといった伝統産業をも活性化させている[31]。令和元（二〇一九）年五月に石見神楽が日本遺産に認定されたこともあり、観光資源としての側面もこれまで以上にクローズアップされてくるだろう。

このように「祭」は現在も人々を惹きつけ、また観光資源として、また伝統産業の活発化など地域振興や地域づくりにも貢献しているのである。その意味において「祭」は多様なものを新たに生み出す力を有しているとも言えるのではないだろうか。

【注・参考文献】

1　『日本民俗大辞典』、吉川弘文館、上巻平成十一年・下巻平成十二年、下巻五七七頁・上巻六八二頁。
2　風流とは、新しい意匠などに眼目を置いた趣向を意味する。
3　弘文堂、昭和十七年。『定本　柳田国男集』第一〇巻、筑摩書房、昭和四十四年、を使用、一七八頁。
4　前掲書、一八二頁。
5　前掲書、一八四頁。
6　前掲書、一九二頁。
7　蛇足だが、英語の用法においても、見物人があらわれ芸術的要素が加味された儀礼（小論でいう祭礼）には、rite, ritualではなくfestivalが用いられる傾向が強い。
8　前掲書、一八四頁。
9・10　前掲書、一八五頁。
11　前掲書、二一九頁。なお、柳田は、祭から祭礼への変化を参籠から参詣への変化ともみなしている。
12　前掲書、一八七頁。
13　いづも財団事務局からは、神事と神賑いといった祭礼の構成要素について解説するようにとの依頼であったが、その区別は本文の通り、作業仮説的な分析概念としては有効と思われるが、それ以上に祭礼全体の意味・機能に着目することが有効と考えた。
14　『祭りの構造』、日本放送出版協会、昭和五十年、九八頁。
15　前掲書、一〇二頁。

16　美保神社の祭礼と祭祀組織については、『松江市史』別編二民俗 第六章第二節、松江市、平成二十七年（筆者執筆）、神在祭については拙稿「縁結び信仰と神在祭」『山陰の暮らし・信仰・芸能』、ハーベスト出版、令和元年、などを参照のこと。

17　前掲書、一〇三頁。

18　前掲書、一〇四頁。

19　前掲書、一〇九頁。

20　前掲書、一一四頁。

21　前掲書、一〇九頁。

22　前掲書、九六―九八頁、一三七―一三九頁。

23　前掲書、一二四―一二五頁。

24　前掲書、九七頁。

25　前掲『日本民俗大辞典』、下巻五七八頁

26　『神道史大辞典』、吉川弘文館、平成十六年、八九九―九〇〇頁。なお蛇足となるが、この三段構成の指摘の背景には、ヴァン・ジェネップの『通過儀礼』（秋山さとこ翻訳、思索社、昭和五十二年）、ヴィクター・ターナーの『儀礼の過程』（冨倉光雄訳、思索社、昭和五十一年）などで展開された議論がある。ヴァン・ジェネップは、人生儀礼、葬儀、即位式などある集団から別の集団へと移行する儀礼（通過儀礼）を分離儀礼・移行儀礼・合体儀礼に分割し、移行によって生じる集団の危機を安定させるための装置として儀礼を捉えている。ターナーはジェネップの議論を引き継ぎながら、儀礼の中で、日常の身分や差別が解消されることによって社会の安定が図られることなどを指摘している。

27　隠岐古典相撲については拙稿「隠岐古典相撲」『隠岐古典相撲誌』、山陰中央新報社、平成十八年、などを参照のこと。

28　本来の信仰集団以外の者が担い手に加わるようになった場合、本来の信仰集団、新たな担い手、さらには単純に見物に訪れる者といった様々なレベルで異なった「祭」の意味付けがなされるであろう。さらに、新たな担い手も何度も「祭」を担うことによって、その意味付けが変化することも予想される。この点についても興味深いが、ここでは指摘のみに留めておく。なおこの点に関しては、三隅貴史「地域外参加者は祭礼をどのように変えるのか―東京都台東区三社祭の事例から―」、京都民俗学会第三一九回例会、での発表を参考とした。

29　太田直行『出雲新風土記』、昭和十四年。もちろん水郷祭開始の契機の一つに伝統的・宗教的な行事との間接的な関係は見られる。すなわち前年の七月二十三日、松江商工会議所が中心となって、白潟天満宮の天神祭の前夜に、数十発の煙火と湖上での灯籠流しを行ったが、これが評判となり、翌年から行われるようになったのである。なお、太田直行と民藝運動・地域振興との関係については、川井彩希「松江商工会議所理事太田直行が目指した振興」『山陰民俗研究』二四、平成三十一年、を参照のこと。

30　神社本庁教学研究所研究室編『平成祭データ』、神社本庁、平成七年。

31　石見神楽と地域活性化などの関係については、島根県立古代出雲歴史博物館『石見神楽』、平成二十五年、などを参照のこと。

# お神酒あがらぬ神はなし

錦田剛志

出雲地方では、神事を伴わない慰労会や懇親会、単なる仲間内の飲み会でさえ「なおらい」と親しみを込めて呼び慣わしてきた。そもそも神祭りにおける神酒や直会の本来的な意味は何であろうか。民俗学や国文学、歴史学、神道学等の先学による通説的な理解を紐解きながら、現役の神職の視点からその文化的意義について考える。

**にしきだ・つよし**
昭和四十四（一九六九）年島根県生まれ。國學院大學文学部史学科考古学専攻卒業。島根県教育庁職員（県立古代出雲歴史博物館専門学芸員等）を経て神職専従。現在、万九千神社外四社宮司、神社本庁中国地区教化講師、県立大学非常勤講師等。
【編著書・論文等】
『出雲大社ゆるり旅』（ポプラ社）、『神々の集う出雲の国　神在月』『出雲大社　平成の大遷宮』（共著・監修、山陰中央新報社）、『出雲大社の建築考古学』（共著、同成社）、『古代出雲大社の祭儀と神殿』、『伊勢と出雲の神々』（共著・学生社）『神々の至宝～祈りのこころと美のかたち～』（共著・編集、ハーベスト出版）など

## はじめに

「ご近所の皆さん、本日は川掃除お疲れさんでした。この後は、大仕事の疲れを癒やす『なおらい』しましょうやあ…」「そげだわあ、『なおらい』さやあ…」

出雲地方に暮らす方々にとっては、幼い頃から見慣れた暮らしの一コマといえるのではなかろうか。ここでいう「なおらい」とは、専ら一仕事を成し遂げたあとの関係者による酒食を伴う慰労会、懇親会の事を意味している。

出雲地方では今も少なからず用いられてる「なおらい」という言葉。実は、慰労会、懇親会、さらには宴会一般を表す方言の一つと理解している方が存外に多いよ

うだ。

しかし、この「なおらい」とは本来、神事と祭礼に極めて密接な関わりをもつ、お神酒など神饌のお下がりを飲食する儀礼を指し示す言葉で、古くより都をはじめ日本各地で用いられきた、いわば標準語、共通語である。

ここでは、国文学、民俗学、歴史学などの先学に学びながら「お神酒」や「なおらい」の用語をめぐる基礎知識を整理し、神職としての実体験を踏まえながら、その意味するところ、とりわけ神祭りとの関係性について若干の私見を述べてみたい。

## 一　「なおらい」の基礎知識

今日「なおらい」は、直会と表記されるのが一般的である。代表的な国語辞書を紐解けば次のとおりである。

なおらい【直会】

・神祭終了後、神饌や神酒のおろし物を参加者が分かち飲食する行事。大嘗祭・新嘗祭における豊明の節会など（『大辞林』三省堂）

・（ナオリアイの約。斎《いみ》が直って平常にかえる意）神事が終わって後、神酒・神饌をおろしていただく酒宴。また、そのおろした神酒・神饌。（『広辞苑』岩波書店）

つまり、神祭りに際し、神事の一環、後儀の行事として行う飲食、酒宴を指す言葉として位置づけられている。

古語としての「ナホラヒ」とその表記、語義をめぐる学説についても確認しておこう。

古語「ナホラヒ」の初見は、奈良時代の『続日本紀』にみえる。天平神護元年（七六五）、称徳天皇の宣命に、「今日は大新嘗《おおにえ》の猶良比《なほらひ》の豊明《とよのあかり》聞行《きこしめ》す日に在り」とある。

平安時代の『続日本後紀』では、天長十（八三三）年の仁明天皇による賀茂川「御禊《ごけい》」の記事中に「直相《なほらひ》」とみえる。また、『延喜式』巻四「伊勢大神宮」には「直会」、関連して『皇大神宮儀式帳』では「奈保良比」「直食」とある。

室町時代の『下学集《かがくしゅう》』では「直礼」の記述がみえる。「ナホラヒ」という大和言葉に、古くは多様な文字を当てて表記していたことがわかる。

「ナホラヒ」の語義をめぐって、今日に至るまで最も影響を与えているのは国学者、本居宣長の次の学説とされている。

猶は、借字にて、直会にて、奈保理阿比《なほりあひ》の切《つづま》れる也。直《なほ》るとは斎《ものいみ》をゆるべて、平常《つね》に復《かへ》る意也、（中略）卯ノ日に、大嘗祭に御《ましまし》て、神にも祭り給ひ、天皇御みづからも聞シ食シて、大嘗の事畢るに依て、辰ノ日よりは、豊楽院に御て、到斎《ものいみ》をゆるべうちとけて、歓び集会《あふ》意の名也（中略）さて諸社の神事にいふ直会も、神ノ祭畢リて後に行ふわざにして同じ意也（本居宣長『続紀歴朝詔詞解』）

これによれば、「ナホラヒ」とはそもそも「ナホリアヒ」が元だという。つまり、神事に際して、奉仕する人々について、潔斎、斎戒、物忌みを伴う極度の緊張状態（「イミ」）からの解放を促し、平常の状態に回復（「直り合い」）するための行事と理解される。今日多くの国語辞書類も当説に依拠する書きぶりが顕著で、言わば神事の後儀としての「解斎《げさい》」の意味が専ら強調される傾向にある。

一方、民俗学者、柳田国男は次のように述べている。

本来は酒食を以て神を御もてなし申す間、一同が御前に侍坐することがマツリであった。さうしてその神にさし上げたと同じ食物を、末座に於て共々にたまはるのが、直会であったらう（『日本の祭』全集第十巻）

また、国文学者の西宮一民は、直会の「ナホル」を平常時に戻る「解斎」の意とは解していない。「ナホル」とは、「食膳に向かって着座」すること、「畏まって坐る」ことを表す言葉で、神事において奉献した神饌神酒のお下がりを関係者一同、食膳に向かい畏まって賜るものと理解している（西宮一民「『なほらひ』考」『瑞垣』一一四号ほか）。

どうやら本居宣長の説のみでは、直会において、神事に供えた神饌、神酒などのお下がりを人々がそろって飲食するという、いわゆる「神人の共食共飲」の意味を十分には解釈できないようだ。

たとえば、天皇の親祭である大嘗祭、新嘗祭において、天皇は自らが神饌を献供し、御告文《おつげぶみ》（天皇が上げる一般の「祝詞《のりと》」に相当する詞）を奏上したのち、神々と「同床共殿」の状態にある殿内の祭場において、神饌のお下がりをその場にて飲食する所作を行うことが知られている。これを「御直会《おんなおらい》」と称している。天皇祭祀の本義、中核を成す場面の一つといっても良いだろう。まさに、神と人が饗応、相伴することで、神威、神徳、神霊などの加護、おかげをいただかんとする神人共食共飲儀礼の代表的な事例である。

今日、全国の神宮、神社で行われる神事においても、神饌として献供した飲食物を祭典中、あるいは祭典後に、神職をはじめとする奉仕者、参列者などが和やかに食する直会の儀は極めて一般的に行われている。神事に際して、そこに奉仕、参拝するものには必ずと言って良いほどに、神酒が授与される。神酒は神饌の中でも最高位にあたる米から調製されたもので、神事の場で手軽に戴くことができる。まさに直会の儀を象徴的に行うにふさわしい形式として定着したものといえるだろう（写真①）。

写真①　直会の典型　神事後の「お神酒」授与

本居宣長の説く「解斎」にまして、「なおらい」には、神のおかげを人々の心身に取り込むことを意図する神人共食共飲儀礼の重要な象徴的意味があることを忘れてはなるまい。

## 二　「お神酒」の基礎知識

「お神酒あがらぬ神はなし」という諺をご存じだろうか。神事には神饌の一つとして酒は不可欠なものであり、酒の献供を拒む神霊はめったにない旨を強調した言葉であろう。ここでは、直会につきものの神酒について種々述べてみたい（写真②、③）。

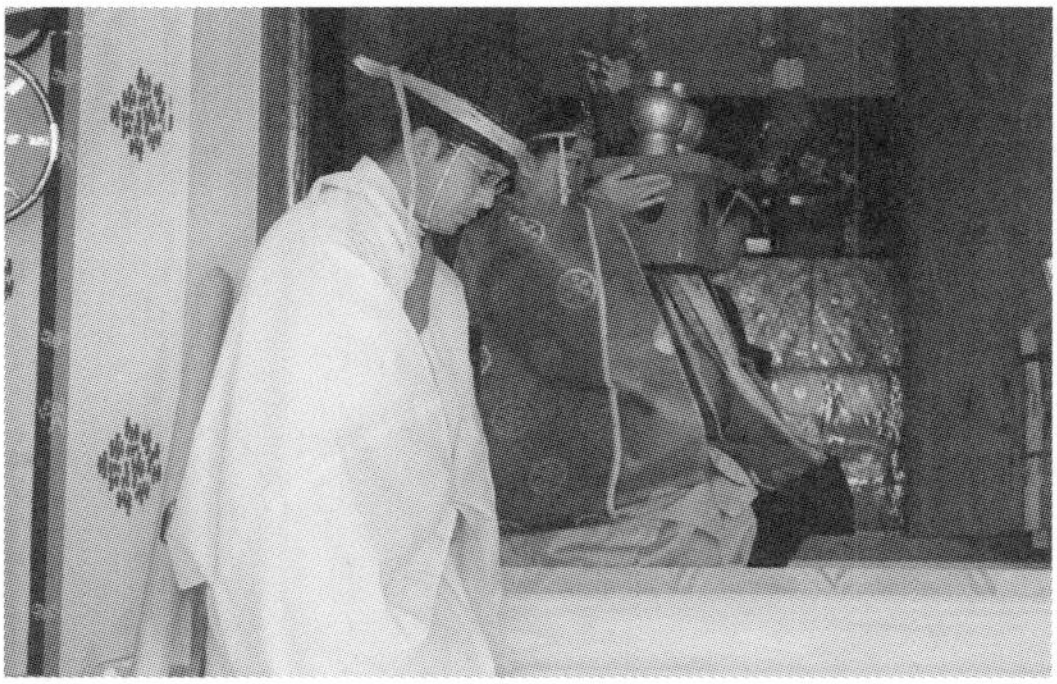

写真②　本殿内へと献供される神酒

そもそも「サケ」（酒）の語源とは何であろうか。

酒造業界をはじめ一般にひろく知られる内容として、サは清浄や無垢、神聖などの意を含む接頭

写真③　土地の神へと捧げられる神酒

語、ケは香ひいては食や饌の意を表すとの説が知られる。「サケ」とは、神聖、清浄、無垢なありがたき香りの物、食の物、供え物といった理解である。

また、「さきほふ」霊力をもつ水を意味する「さかみ」の略とする説もあり、「栄き・幸きおう水の意」との解釈も興味深い（茂木貞純『日本語と神道』）。

先に少し述べたが、日本各地で行われる神事において、神体の最も側近くに供えられる重要な神饌といえば、米から成る物が普遍的と言えるだろう。今日の神社本庁の祭式規定によれば、神饌の品目について、和稲（籾を取り除いた稲）、荒稲（籾がついたままの稲）、神酒、餅、海魚、川魚、野鳥、水鳥、海菜、野菜、果、塩、水など、といった序列からなる（写真④）。

写真④　上棟祭の様々な神饌物

上位四品目を占めるのは、和稲、荒稲、神酒、餅である。言うまでもなく全て米に通じる供物である。古来、稲作農耕文化を中核に展開された日本の国家祭祀の様々な場面において、米は最も貴重な神饌であった。多くの庶民にとって、近代に至るまで、米を満足に食する機会は神事、祭礼などハレの日に限られ、まさに希少な機会であったことも想像に難くない。

神々の衣食住を清浄、丁重にととのえ、とりわけ最高級の神饌を奉るのが祭祀の中心であることは古今変わりないだろう。

その際の神饌において、原料の入手から醸造まで、最も時間と労力を費やし、経験的かつ専門的知識と技術を駆使し細心の注意のもとに調製されるものが、聖なる酒、神酒であったことはよく知られるところである。

さて、今日、神社などの神道祭祀の場において瓶子に容れて神前に献供される神酒は、いわゆる日本酒のうち清酒に分類されるものが一般的である。しかし、神酒には古来複数の種類が伝えられてきた。ここではそのうちの代表的な古代の酒を國學院大學日本文化研究所編『神道要語集　祭祀篇』（神道文化会）の記述を参考に述べてみよう。

奈良時代の『万葉集』には「黒酒《くろき》」「白酒《しろき》」の初見記事が認められる。

天地と　久しきまでに　万代に　仕へまつらむ　黒酒白酒を（巻一九、四二七五番）

文室智努真人が詠んだ歌である。

『続日本紀』称徳天皇の宣命には、「黒紀白紀の神酒を」や「黒紀白紀の神酒賜ひ」などの用例が認められる。

宮中においては大嘗祭や新嘗祭など、天皇親祭において最重要の神饌の一つに位置づけられていた。平安時代の『延喜式』「造酒司《みきのつかさ》」の規定によれば、造酒司が平素の酒殿《さかどの》とは異なる別殿を新造し、臨時に特別に醸造されたことがわかる。そして、「米一石のうち三斗弱を麹とし、残り七斗余りを飯として、そこに水を加えて二甕に分ける。酒が熟した後、久佐木灰《くさきのはい》（山うつぎの根の灰）を加えた酒を黒酒とし、何も加えない一甕の酒を白酒」（神道文化会編、前掲書より抜粋）との区分が知られる。

両者共に、宮中祭祀や伊勢の神宮祭祀の重要な神饌の一つとして今に伝承されている。

「清酒《すみざけ・きよき》」「濁酒《にごりざけ》」の語も古く、奈良、平安時代の史料にさかのぼる。

「清酒」の初見は古典的記述ではあるが『播磨国風土記』讃容郡《さよのこおり》、弥加都岐原《みかずきはら》の条に次のごとく見られる。

難波の高津の宮の天皇のみ世、伯耆の加具漏《かぐろ》、因幡の邑由胡《おおゆこ》の二人、大《いた》く驕《おご》りて節《さだめ》なく、清酒もて手足を洗ひき

この「清酒」の語が、酒の品種を示す可能性は高いが、単に清らかな酒を表現したこともありうるだろう。品種として確度の高い用例としては、『正倉院文書』の「紀伊国正税帳」（天平二年）、「伊豆国正税帳」（天平十一年）や平城宮跡出土木簡にその名がみえる。

「濁酒」も『正倉院文書』の「伊豆国正税帳」（天平十一年）』に「酒清濁」との記載が認められる。また、『万葉集』には大伴旅人の「酒を讃《ほ》むる歌」に次の「濁

れる酒」の語が見られる。

験《しるし》なき　物を思はずは　一杯《ひとつき》の　濁れる酒を　飲むべくあるらし　（巻三、三三八番）

意訳すれば、「思い悩んでもしかたのないことに耽らないで一杯のにごり酒でも飲もうではないか」（茂木、前掲書）となる。

奈良時代には「清酒」「濁酒」が共存し、広く人々に普及していたことが想像される。

平安時代の『延喜式』「造酒司」の「造酒雑器」の規定によれば、「清酒」は、「布などを用いて濾過した酒や、酒と滓《かす》とが分離した上澄みの酒」、「濁酒」は、「清酒に対する名称で、滓が混じったままのドブロクの類」と具体的に理解しうる（神道文化会編、前掲書）。

「醴酒《ひとよざけ》」も少なくとも平安時代にさかのぼる古い起源をもつものだ。『令義解』『令集解』や『延喜式』「造酒司」の記載によって、大量の麹を元に醸したいわゆる一夜酒、甘酒の類と想定されている。今日の出雲地方においても、出雲大社の古伝新嘗祭における「醴酒《ひとよざけ》」、佐太神社の神在祭における「一夜御水《いちやごすい》」など、古式をとどめる祭式において特にこうした甘酒、粥酒のごとき神酒が献供され直会に用いられていることは今後研究の余地がある。

## 三　「神祭り」と「お神酒」「なおらい」の深い関わり

さて、「なおらい」の中心的な飲食物、必需品と言えば、「ご馳走」と並んで「お神酒」である事は承知のとおりである（写真⑤）。

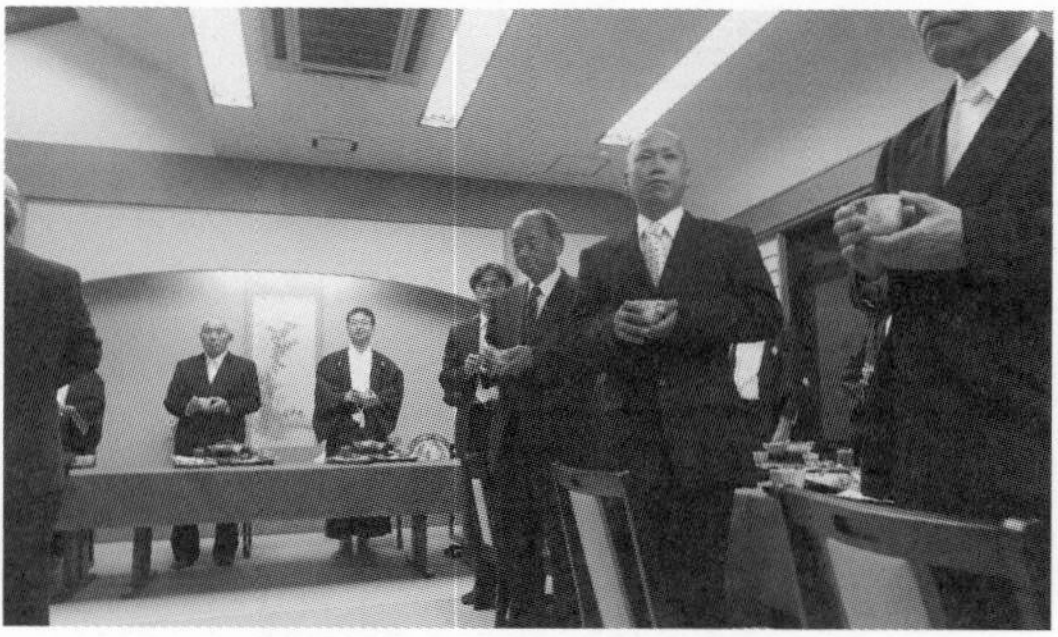

写真⑤　直会のはじまり
全参加者の盃に「お神酒」が注がれる

民俗学者、神崎宣武氏は、『酒の日本文化』において、祭りと酒と直会の関わりを簡明にのべている。

神崎氏はまずもって、酒づくりが古来、「神秘の作業」であったことを指摘する。その意味において、「酒造りもまた神事」であり、「かつての祭りとは、酒を仕込んでそれを飲み干すまでが、そうだったのではないか」とか「祭りは神酒づくりにはじまる。神事・直会、神輿渡御やさまざまな芸能に参加した者は、馳走を食す。酒に酔う。そして、神酒を皆が飲み干したところで祭りが終わるのである」あるいは「祭りの酒については飲み干すものでもあったのだ。それは、特別に造ってカミに供えたものであるし、神人が共食するものでもあるので、他には転用できないのだ」と述べる。一連の解釈は、神職としての自らの「なおらい」の経験を振り返ってみても極めて納得しうる。

儀礼文化に詳しい民俗学者、倉林正次氏は、『儀礼文化学の提唱』において「まつり」を次のように理解し直会の意味を説いている。筆者としては、現在最も妥当な学説と承知するゆえ、少し長くなるが引用のかたちで紹介しておく。

> 「まつり」という言葉の原義は、「献る」の古語である「まつる」から出ている。神に御食・御酒をさし上げるというのが、その原義であった。神に神饌を献供し饗応申し上げるところに、わが国の「まつり」の根本はあり、そこから祭りのカタチ（形）は始まったのである。（中略）祭りには、まずこうした神饌献供を主体とする「祭典」の部分がある。その次に神人共食を本義とする「直会」の部分が存する。人々が神の霊威に触れ、神の恩恵にあずかる部分である。（中略）
>
> 祭りにおける饗応の観念が具体的に展開されたのが、「宴会」の部分である。この場合は、神と人という関係ではなく、人間を主体とした考え方である。ここではさまざまな催しが行われ、人々は心から享楽の気分を満喫することができるのである。
>
> わが国の「まつり」の姿を考えてみると、このように三つの部分から成り立っている。最も神秘な部分と考えられている「祭典」も、本来は神饌を神にお供えするというカタチを基礎として成り立っているものであった。「まつり」という語の原義が、本来儀礼と深い関係を有するものだったのである。
>
> そして、この「まつり」の原義を、場を他に移して展開したものが、「直会」であり、「宴会」であった。直会の部分にも、また宴会の部分にも本質的に儀礼の要素が存したのである。

倉林氏によれば、これがわが国のまつりの姿、特色である。「神祭り―直会―宴会」という三部構成から成立するとの理解である。

この解釈は古今の宮中祭祀や神宮祭祀、大社などの旧官社を中心とする高度に制度化、形式化された神祭りについて確実に当てはまるものだろう。しかし、それ以外の神社や地域社会、家庭の神祭りにおいてもこの三部が混沌としつつも、多種多様な祭儀として展開し、継承されていることは間違いないだろう（写真⑥）。

神職として祭祀を司る私にとって、「なおらい」の「お神酒」による酩酊作用の中で、ご馳走を囲み、神と人がともに歌い、舞い、踊り、奏で、はじめて神祭りが成就した、と実感することしばしばである（写真⑦）。

写真⑥　直会の最中　酒食がすすみ、話がはずむ

写真⑦　直会から宴もたけなわへ…

## 四　結びに～「お神酒」と「なおらい」の文化的な効能、効果～

神祭りにとって不可欠な神酒と直会について思いつくままに述べてきた。既述した事柄のまとめてにあわせて、それらの文化的な位置づけについて、おさらいしておきたい。

まずもって、神酒は神への供物として、また直会における「お下がり」として最重要かつ不可欠なものといえよう。

神饌の「お下がり」からなる「ご馳走」と「お神酒」を神と人が共食共飲することで、神と人は象徴的に杯を交わす、そして神の霊威、霊力、神徳を取り込むと考えてきたのだ（神人共食共飲儀礼）。

そして、祭儀に伴う潔斎など、極度の緊張状態（ハレ）から解放され、平常心（ケ）を取り戻す意味も併存させてきた（解斎）。

さらに、直会における「ご馳走」と「お神

酒」による酩酊作用は、祭儀に携わるあらゆる人々が共有する時間と空間を非日常的世界（ハレの世界）へと容易に誘うものであった。酒量が増すほどに、歌舞音曲が加わり、大いに盛り上がる宴会へと変容していく。そこには神と神、神と人、人と人の関係性をいよいよ円滑かつ濃厚に取り持つ効能が働いているようだ（神人和楽の境地）。

写真⑧　宴会の締めへ　お決まりの万歳三唱

「お神酒」の拝戴が進んだ直会は、そもそも神祭り自体がそうであるように、祭りに参画する者に、日頃の暮らしで沈滞しがちな魂鎮めを促し、魂を揺さぶり、振り起こし、生命の活性化をもたらすものと考えてよいだろう。直会さらには宴会を通じて、日常的な人間関係を超越した人的交流の発展促進、関係性の円滑化、再構築も果たしてきたに違いない。

また、一つの祭礼や行事に奉仕する共同体の成員に更なる結束、団結力を育み、無意識のうちにも共同体に秩序と安定と発展をもたらす重儀と位置づけてきたのではなかろうか（写真⑧）。

こうしたことこそ、「お神酒」と「なおらい」の文化的な最大の効能、効果と言っても過言ではない。

少子高齢化や過疎過密社会、ＳＮＳの普及に伴うコミュケーションの急変貌など、人と人とのつながり、絆の喪失感が叫ばれる現代社会において、「お神酒」と「なおらい」の果たすべき文化的役割はいよいよその重要度を増しているのではなかろうか。

**【主な参考文献】**

神崎宣武『酒の日本文化』角川書店（二〇〇六年）
倉林正次『饗宴の研究』儀礼編・文学編・祭祀編　おうふう（一九六五・一九六九・一九八七年）
倉林正次『儀礼文化学の提唱』おうふう（二〇一一年）
神社本庁監修『神社のいろは　要語集　祭祀編』扶桑社（二〇一五年）
茂木貞純『日本語と神道』講談社（二〇〇三年）

第2章

# 出雲大社の年中行事の特質と地域文化

# 中世出雲大社の年中行事と御頭神事……井上寛司

出雲大社は、中世成立期の年中行事と、中世末期に至るその後の変化の様子が復元できる点で、全国的にも大いに注目される。とくに、成立期の年中行事が正月七日の歩射神事と、三月三日の三月会、五月五日の五月会（五霊会）及び九月九日の九月会という四つの御頭神事を中心に編成されていることは重要で、農民たちも参加して行われる地域ぐるみ、ないし地域社会にとっての祭礼というところに、その最大の特徴があった。

**いのうえ・ひろし**
島根大学名誉教授。昭和十六（一九四一）年、京都府に生まれる。大阪大学大学院博士課程中退。大阪大学文学部助手、島根大学法文学部助教授・教授、大阪工業大学情報科学部教授。専門は日本中世史・神社史。
【著書・論文等】
『日本の神社と「神道」』（校倉書房）、『日本中世国家と諸国一宮制』（岩田書院）、『「神道」の虚像と実像』（講談社）、『大社町史　上巻』（共編著、大社町）、「中世杵築大社の年中行事と祭礼」（『大社町史研究紀要』三）

## はじめに

一年のうちのある特定の日に、繰り返し慣習的に執り行われる行事・祭事のことを年中行事という。明治五（一八七二）年に太陽暦が採用されるまで、その期日は太陰暦（いわゆる「旧暦」）によって定められ、季節の移り変わりに対応する自然暦・農事暦としての役割を果たしてきた。

寺院や神社、とりわけ神社の祭礼は、こうしたそれぞれの地域の年中行事を、目に見える具体的な形で表現したものと考えることができる。しかし、それらはいずれも慣例として行われることもあって、文字として記録されず、口伝されるのが一般的であったことから、その歴史的な復元には多くの困難をともなっている。まして、個々の祭礼が何時、どのような意味を持って成立したかなどを解明するのは、なおさら困難が大きい。しかし、長期の持続性とともに、時代の変化に応じて変動していったことも明らかで、その両面を正しく理解するよう努めることが重要だといえる。

　これを中世（十一世紀末の院政期から戦国時代が終了する関ヶ原合戦までの約五〇〇年間）に即して考えると、年中行事の復元が可能なのは、出雲石見両国では出雲大社（出雲国一宮《いちのみや》）と佐陀《さだ》神社（同二宮《にのみや》）・物部《もののべ》神社（石見国一宮）及び鰐淵寺《がくえんじ》（出雲国一寺《いちのてら》）など、ごく一部に限られる。しかし、その中にあって、出雲大社（明治四年までは杵築大社・杵築社と称するのが一般的であったが、本稿では史料表記を除き出雲大社で統一する）では時代の変化を追って年中行事の変化していく様子をうかがうことができ、出雲・山陰地域はもとより、全国的にも極めて希有な事例として大いに注目される。多くの関係史料に加え、その全体を詳細に記した次の二つの文書が残されてきたことによるものである。

天正十二年（一五八四）九月十三日杵築大社年中行事目録写（千家方年中行事、千家古文書写乙、『大社町史史料編（古代・中世）』一〇九二号、以下号数のみを記す）

慶長三年（一五九八）杵築大社年中行事次第（北島方年中行事、佐草家文書、二四七六号）

　これらの点を踏まえ、本稿では中世出雲大社の年中行事の復元、及びその歴史的特徴について考えてみることとしたい。

## 一　中世出雲大社の歴史的変遷と諸画期

　年中行事の変化を念頭に置きながら、中世成立期以来の出雲大社の歴史を大雑把に整理すれば、およそ次のように五つの時期に区分することができる。

第一期（十一世紀後半〜十二世紀）…中世の荘園鎮守としての出雲大社の成立。

第二期（十三世紀初頭）…鰐淵寺との機能分担に基づく、中世出雲国の国鎮守（一宮）としての体制的整備・確立。

第三期（十三世紀後半）…国造出雲氏による出雲国衙《こくが》の祭祀機能の吸収と、出雲国の東西（杵築と大庭《おおば》）に拠点を置く複合的な神社体制の成立。

第四期（南北朝期）…出雲国造の千家・北島両家への分裂と国造・上官《じょうがん》体制の成立。

第五期（戦国期・十六世紀）…戦国大名への「服属」
　と宗教構造の転換。

以下、各時期ごとの概要とその主な特徴をごく簡単に整理しておくこととする。

〔第一期〕

古代から中世への転換期に当たるこの時期、出雲大社においてもいくつかの重要な変化が生まれた。その第一は、祭神がオオナムチ（オオクニヌシ）からスサノオに変わったことである。そしてそれは、古代とはその内容や性格を大きく異にする中世神話の成立と表裏一体の関係にあった。中世出雲神話とは、国引き神話を仏教説話風に組み替えたもので、釈迦が法華教を説いたとされる仏教の聖地・霊鷲山《りょうじゅせん》の一部が砕けて海に漂っていたのを、出雲大社の祭神スサノオが杵で繋ぎ止めて出雲の国づくりを行った（その新しい土地が島根半島＝浮浪山）というものである。日本列島の全体（沖縄と北海道地域を除く、以下同様）を覆う「神仏習合」の流れが出雲国独自の形で姿を現したものといえる。

古代から中世への移行にともなう出雲大社の変化の第二も、右と同じく日本列島全体の荘園公領制社会への転換に対応するものである。中世の荘園公領制とは、地域民衆の日常生活空間がいずれかの荘園・国衙領（公領）に属し、それらの所領を領有する中央と地方の領主の支配下で生活する、中世独自の社会体制のことをいう。明確に領域の定められた出雲大社の鎮座地（中世杵築郷）や中世出雲大社の財政基盤となった大社領十二郷七浦（簸川平野部の遙堪《ようかん》・高浜・稲岡・鳥屋《とや》・武志《たけし》・出西《しゅっさい》・求院《ぐい》・北島・富《とび》・伊志見《いじみ》・千家・石塚の各郷と杵築〈稲佐〉・黒田・宇龍・免結《めい》・鷺・鵜峠《うど》・井呑《いのみ》〈猪目〉の各浦）など、古代にはまったく存在しなかった夥しい数の地名や行政区画単位が新たに登場してくるのは、その一つの現れであった。これらの大社領は、もともと国造出雲氏自身の手で開発され、あるいは出雲国衙から寄進されるなどして成立したものであったが、十二世紀末に国造家の側から一括して旧出雲国司の坊城三位藤原氏、さらには後白河上皇に寄進され、一個の独立した荘園として認定され、出雲大社はこれら大社領全体の共同利益を擁護する地域的な信仰対象（荘園鎮守）へと、そのあり方を大きく変化させたのであった。

今日、私たちが理解している出雲大社の年中行事というのも、その基本骨格は荘園鎮守としての中世出雲大社の成立にともなって整えられものであったと考えられる。そのことを最も端的にうかがわせるのが、年間四度に及ぶ御頭《おんとう》神事である。御頭神事とは、神事やそれに要する費用の支弁を交替で務める祭礼のことで、正月七日の歩射《ぶしゃ》神事（年頭に行う豊年を祈るための予祝神事）、三月三日の三月会《さんがつえ》（農作業の開始に先立ち、海から寄り来る神を迎えるための春まつり）、五月五日の五月会（五霊会《ごりょうえ》、田植えまつり）及び九月九日の九月会（収穫祭としての秋まつり）がそれに当たる。そして、この神事で最も注目されるのは、国造以下の神官だけでなく、殿原《とのばら》（「殿」の名称を付けて呼ばれる村落の上層農民）や田堵《たと》（専業の農業民）などの地域民衆も加わる、地域ぐるみ、ないし地域社会にとっての祭礼だったことである。次に示した史料（杵築大社歩射神事差定状、佐草家文書、九三二号）にも、そのことがよく示されている。

（端裏書）「大社御頭加文」

差定

杵築大社明年正月七日御歩射御神事儀式事

一御幣　上管(官)役
一御供　上管(官)役
一御歩射　殿原役
一饗膳　郷々田堵役
一御頭役人
一社内頭　出雲弥宝丸
稲岡郷　本家分
高浜郷　坪之内名

右、御神事依恒例如件、

明応三年（一四九四）正月七日

出雲宿祢兼国造高俊（花押）

農事暦と見事にマッチした、素朴な年中行事であったことに、とくに注意しておく必要があろう。

〔第二期〕

十一世紀末から十二世紀初頭にかけて、中央と地方のそれぞれにおいて、二十二社・一宮制（王城鎮守・国鎮守制）と呼ばれる中世社会特有の神社体制や祭礼構造が整えられていった。二十二社とは、石清水《いわしみず》八幡宮や伊勢神宮など、畿内とその周辺部にあって、天皇とその居所（王城）を守護する神社として、国家の崇敬対象とされた二二の有力神社のこと、また諸国一宮とは、各国内の最有力神社と認められ、その国の鎮守神として崇敬を集めた神社のことで、両者が相よって日本国全体の安泰を保つものとされた。

中世出雲国の国鎮守（一宮）はいうまでもなく出雲大社であるが、出雲の場合、他の諸国とは異なる独自の宗教構造（「神仏隔離」原則に基づく「神仏習合」）を作り上げた。「国中第一の霊神」（一宮）とされた出雲大社と「国中第一の伽藍《がらん》」（一寺）とされた天台宗寺院鰐淵寺とが、それぞれ機能を分担しながら相互補完的な関係を保って互いに寺院・神社としての権威を高め合う、というものである。そのため、古代には修験《しゅげん》の道場として賑わった鰐淵山が、十二世紀後半には大規模な伽藍の創建を通じて浮浪山鰐淵寺へと変身し、出雲国一寺としての歴史を刻むこととなった。こうした特徴を持つ中世出雲国一宮制の体制的な整備が進められるのは十三世紀初頭になってからのことであるが、出雲大社の年中行事のあり方もこれにともなって大きく変化した。

最も大きな変化の一つは、出雲大社の年中行事の中に新たに仏教儀礼（仏事）が登場したことである。正月二十日の大般若経《だいはんにゃきょう》転読と、同じく三月会における大般若経転読と五部大乗論談《ごぶだいじょうろんだん》が、いずれも大挙して訪れる鰐淵寺僧によって大社神前で執り行われることとなった。

変化の第二は、もともと三月三日のみであった三月会が三月一日～三日の三日間に拡大され、その内容や性格も大きく変質していったことである。内容の変化という点で最も重要なのは、頭役の中身が変わったことで、殿原や田堵などの地域民衆に代わって、鎌倉幕府御家人《ごけにん》などの在地領主層（武士）と鰐淵寺僧が、国造以下の大社神官とともに頭役を務めることとなった。

変化の第三は三月会の変質で、一つには「山陰無双の節会《せちえ》・国中第一の神事」（二三三号）などと呼ばれて、他の年中行事一般とは区別される特別な地位を占めるに至ったこと、そしていま一つには、この祭礼が地域民衆や地域社会のためではなく、「偏に朝家・関東の御祈祷」（同上）、すなわち公家・武家などの中央国家権力の安泰祈願のためにこそ執り行われるものとされたことである。荘園鎮守としての祭礼から、国鎮守（地域的国家神）の祭礼へと大きく変質・転換したことがうかがわれる。

### 〔第三期〕

かつて出雲国造が住居を構え、古代の出雲国府が置かれていた松江市大庭地域は、中世には東出雲町域までを含む意宇平野一帯が「出雲府中」と呼ばれ、中世出雲国衙の支配拠点とされた。

国造出雲氏が杵築に転居した十世紀以後、その跡地に新たに神魂《かもす》（伊弉冉《いざなみ》）神社が創建され、出雲国造家縁《ゆか》りの神社として重要な位置を占めることとなった。とくに国鎮守化した後の十三世紀後半に国造出雲氏が出雲国衙の祭祀機能を吸収し、兼務するようになるのにともなって、神魂神社は出雲府中域における出雲大社の分身（前進基地）として、極めて重要な役割を果たすこととなった。また、これにともなって、大庭地域における祭礼構造や年中行事体制も大きく変化することとなった。

その第一は、中世一宮制の成立とほぼ同時に、出雲国内の神社の祭神を合わせ祭り国衙の祭祀を司る、一個の独立した神社として成立した出雲国惣社《そうじゃ》（六所神社）がその自立性を否定され、出雲大社（神魂社）の末社として組み込まれていったことである。康元二（一二五七）年二月に、都に住む出雲国司が現地の出雲国衙（留守《るす》所《どころ》）に対し、伊弉諾《いざなぎ》（真名井《まない》）・伊弉冉（神魂）社と合わせて惣社の神田神畠を出雲国造に進退了承させるよう命じている（二六三号）のは、それを示すものである。

第二の大きな変化は、それまで出雲国惣社で行われていたと推定される十一月中卯日の新嘗祭《にいなめさい》が、神魂社に場所を移し、出雲国造の手で行われるようになったことである。周知のように、現在も十一月二十三日に出雲大社で行われている新嘗祭は、明治維新以前は大庭神魂神社で行われ、出雲国造は年に一度はるばる大庭まで出向いてこれを執り行った。問題は、この祭礼がどういう謂われを持ち、何時、どのように成立したのかということにある。残念ながら、この点に立ち入って論じる紙幅の余裕がないため、詳細は『松江市史　通史編2中世』第五章第二節の一「中世の杵築大社と出雲府中」を参照していただくこととし、ここでは次の点のみを確認しておくこととしたい。一つは、新嘗祭がその名の通り収穫祭と考えられること、二つには、この祭礼の直接の担当者が旧惣社神主家の佐草氏であったことからもうかがわれるように（九〇八号）、この祭礼がもとは惣社で行われていた出雲国衙、ないし出雲国全体にとっての収穫祭で、大社境内で行われる本来の出雲大社の祭礼とは異質だと考えられることである。

そしてここから第三の変化も生まれることとなった。本来の出雲大社の収穫祭であった九月会《くがつえ》の形骸化と衰退である。建久五（一一九四）年五月十九日の出雲国司庁宣（出雲大社文書、一七一号）に「杵築大社三月・九月両会」と記されているように、もともと御頭神事の一つでもある九月会は杵築地域やその周辺に住む地域民衆にとって、春まつりに対応する秋の収穫祭として極めて重要な位置を占めていた。それが、国造がわざわざ大庭まで出向いて収穫祭（新嘗祭）を執り行うようになると、その本来の意味も不明確となり、形骸化して行かざるを得なかった。『大社志』に「（九月会）天正以降廃」と記されているように、中世末期の天正年間には完全に廃絶したのである。なお、九月会の衰退と形骸化には、三月会が肥大化し、九月会との対応関係が不明確となったことも、その大きな要因の一つであったと考えられる。

〔第四期〕

南北朝初期の十四世紀中頃に出雲国造が千家・北島両家に分裂したことはよく知られているが、両国造家の成立は、東・西（平岡）・佐草・赤塚・長谷・森脇・富など多数の上官諸家の成立と同時であったことも、見落としてはならない。上官とは、国造に次ぐ有力神官のことで、国造と連携して出雲大社の維持・運営に当たるほか、両国造家の後継者に欠員が生じた場合は、上官家から養子に入るなどしてこれを支えることとなっていた。

この両国造家と上官諸家が一体となった新たな支配体制は国造・上官体制と呼ばれていて、国造権力の相対的な安定をもたらすこととなったが、しかし祭礼構造や年中行事体制という点では、いくつかの重要な変化と新たな困難をもたらすこととなった。

その第一は、千家国造家が奇数月（一・三・五・七・九・十一月）、北島国造家が偶数月（二・四・六・八・十・十二月）という形で、祭祀を担当する月が交替制となったこと、加えて重要な祭礼が奇数月に集中していることから、千家家担当の奇数月のうち、正月七日と三月会の第三日のみは北島家の担当とされたことである。これは、千家・北島両国造家を対等・平等に扱うとの、国造・上官家全体の合意に基づいて定められたものであったが、年中行事としての一体性や体系性が大きく損なわれ、全体として形骸化が一挙に進行する結果を招くこととなった。それを象徴するのが三月会の衰退である。両国造家の分立に至る対立の激化の中で、三月会の遅延や中止がしばしば繰り返され、室町幕府や出雲国守護の支援もあって一時は盛り返したものの、十五世紀中頃を最後に御家人頭役制は長期の中断を余儀なくされた。それが復活するのは、十六世紀初頭の永正年間（一五〇四～一五二一年）になってからのことである。

いま一つの大きな変化は、南北朝から室町・戦国期にかけて、それまで末社として組み込まれていた日御碕《ひのみさき》神社が出雲大社からの自立化を遂げ、これにともなって日御碕社検校《けんぎょう》が大社神官として担当してきた年中行事が形骸化・解体していったことである（この点については、改めて次節で述べる）。

〔第五期〕

尼子氏や毛利氏が戦国大名として出雲国を統治した永正年間以後の十六世紀、「法華経の力によって平和を実現する」（一三三一号）との尼子経久《つねひさ》の宗教政策などもあって、出雲大社やその祭礼構造・年中行事も大きく変化していった。

その最も大きな変化の一つは、中世成立期以来の長年にわたる出雲国の伝統であった「神仏隔離」の原則が、尼子経久の命に基づいて強権的に否定され、他の諸国と同様の一般的な「神仏習合」政策が次々と実施されていったことである。大社境内に、輪蔵・経蔵・三重塔など多数の仏教施設が本格的に建造されていったこと、国造・上官以下の神官に加えて多数の僧侶が大社境内に常住するようになり、また大社造営の責任者である本願《ほんがん》僧が同じく尼子氏の命に基づいて大社境内に常住し、大きな権限を振るうようになったこと、さらには鰐淵寺僧もかつての「神仏隔離」原則を踏み越えて、日常的かつより深く出雲大社の祭礼に関わるようになったことなどである。とくに鰐淵寺僧の場合、従来は拝殿などに設けられた経所に出向いて仏事を行うなど、一定の限定されたものであったのが、この時期には本殿内にまで入って国造と相対行事を行うようになり、そのことから出雲大社の「社僧」（出雲大社に所属・奉仕する僧侶、一三二八・一三三〇号など）とまで呼ばれるようになった。

その一方で、約半世紀にわたって中断されてきた三月会の御家人頭役制が尼子経久の手で復活され、年中行事がかつての賑わいを取り戻したかのようにも見えた。しかし、これも単純な祭礼の復活・復興とはいえず、むしろ戦国大名権力を誇示するための、あるいは権力の拡大を図るための政治的利用と考えるべきものであった。毛利氏の命により、正月・五月・九月の各一日～七日の間、鰐淵寺僧が新たに大社神前で護摩供《ごまく》を行うようになったのも（一七五一号）、同様に理解することができる。

これらのことは、要するに宗教勢力が世俗の政治権力（戦国大名）への服従を余儀なくされたことを意味するもので、次のこともその象徴的な事例の一つといえよう。

南北朝期以後、両国造家対等の原則に基づき、出雲大社ではやや劣勢に立たされた国造北島氏が大庭神魂神社では国造千家氏を抑えて神主職（千家氏は別火職）を務めることとなった。創建当初から神魂神社では秋上《あきあげ》氏が実際の祭祀を司っていたが、出雲大社の一部として組み込まれた後は国造出雲氏が神魂社の神主、秋上氏はその補佐役の権神主とされ、南北朝期以後はその神主職を北島氏が継承したのであった。しかし、ここでも永正年間に至って大きな変化が生じる。尼子氏が介入して秋上氏を社家方と武家方とに分け、武家方を尼子氏直臣団（富《と》田《だ》衆）の中に組み込むとともに、国造北島氏に替えて社家方秋上氏を神主とし、併せて別火職をも兼帯させ、神魂神社の社務・祭祀権をすべて秋上氏に担当させることとした。これを機に、神魂神社は出雲大社からの自立化を強めるとともに、出雲大社全体が戦国大名権力のより直接的な管轄下に置かれることとなったのである。

以上に見てきた永正年間以後の出雲大社や国造家の変化の中で、年中行事のあり方もまた大きく様変わりしていった。最も重要なことは、中世年中行事全体の形骸化が一挙に加速し、終焉期を迎えたと考えられることである。ここにいう形骸化とは、年中行事が持っていた農事暦としての本来の意味が忘れ去られ、また地域社会や地域民衆との関係が著しく希薄化していったことをいう。そのことを最も象徴的な形で示すのも、やはり三月会である。

尼子経久によっていったん復興された御家人頭役制ではあったが、尼子氏の滅亡とともに断絶してしまったようで、毛利氏の統治時代には三月会に要する費用はすべて毛利氏によって賄われることとなった。そのこともあって、三月会は専ら毛利氏に巻数《かんず》を進める、すなわち毛利氏の安泰を願って祈祷を行う、その祈祷回数を報告するための祭礼へと変質を遂げたのであった。農作業の開始を告げる、春の神迎え神事という本来の三月会といかにかけ離れてしまっているかは明白であろう。

豊臣秀吉による朝鮮出兵が強行される前年の天正十九（一五九一）年、兵役の免除を口実として大規模な寺社領の削減が行われ、出雲大社でも約三分の一の社領が没収されたといわれる。寛永十年頃と推定される年未詳十二月の国造千家尊能《せんげたかよし》申状写（千家古文書写甲）に、「（当社は）日本大社にて御座候得共、天正十九年より四十三年此方、社領次第ニ減来り、四時のまつりも年々おとろへ、神官氏人等うへ（飢）にのそむ躰にて、さんさん（散々）に他国仕候」と記されているのは、この間の事情を伝えるものといえるであろう。

## 二　中世出雲大社年中行事の復元

前節で指摘した部分を含め、文献で確認できる年中行事を改めて一覧で示すと、次頁の通りである。

この一覧は、天正十二年の千家方年中行事と慶長三年の北島方年中行事をベースとし、その他の史料によって補い作成したものであるが、前節での考察を踏まえて考えると、その記載内容には慎重な検討が求められる。天正十二年や慶長三年が中世年中行事体制の最終的な崩壊期に当たっていて、すでにこれ以前に廃絶したり、変質や形骸化によってその本来の意味が分からなくなったものも少なくないと考えられるからである。

そこで、これらの年中行事がそれぞれいつ頃成立したと考えられるのか、諸史料から判明するところを簡単に整理しておくこととする。

### ア、第二期（十三世紀）以後に成立したと推定される年中行事

正月元日の流鏑馬神事は、千家方年中行事目録に「御守護殿より仰せつけられ候祭」「塩冶判官高貞の御時より仰せつけられず候て絶え申し候」とあって、鎌倉時代の初めから末頃にのみ行われたものと推定される。

御姫神事は糄糅《ひめ》始め、すなわち姫飯《ひめいい》（柔らかい飯、蒸して作る強飯《こわいい》に対し水で炊いた熟飯《にぎいい》）を食べ始める儀礼（椀飯《おうばん》始め）のことで、椀飯とは、鎌倉・室町時代に宿将・老臣らが正月に将軍を宿営に招いて饗宴を張った行事のことをいう。出雲大社の場合もこれに準じて考えることができ、正月二日・三日・十一日・十二日・十三日という多数の御姫神事は、いずれも上官が勤めていて、上官諸家による国造の饗宴（椀飯）にその本来の意味があったと考えられる。従って、その成立も南北朝期以後と考えるのが妥当であろう。

正月十一日の吉書《きっしょ》神事は、武家儀礼として発展した吉書始を神事として取り込んで成立したものと考えられる。千家方年中行事目録に「国造殿御出仕にて、御巻数遊ばさる」と見える「巻数」は本来仏教用語で、出雲大社でも第五期（戦国期）になって広く使われ始めること

## 中世出雲大社年中行事一覧

| 月 | 日 | 担当 | 仏神事名 | 備考 |
|---|---|---|---|---|
| 1 | 1 | | 朔幣御供 | 「元三会御供」「籠御供」とも称す |
| 〃 | 〃 | 千家 | 命主社御供 | |
| 〃 | 〃 | 〃 | 流鏑馬神事 | 「十連の祭」とも称す |
| 〃 | 〃 | 〃 | 歩射神事 | |
| 〃 | 2 | 〃 | 御姫神事 | |
| 〃 | 3 | 〃 | 御姫神事 | 大晦日よりこの日まで国造・上官参籠 |
| 〃 | 〃 | 〃 | 仮宮社参詣 | |
| 〃 | 7 | | 歩射神事 | 「御頭神事」 |
| 〃 | 1～7 | | 鰐淵寺僧護摩供 | |
| 〃 | 10 | 千家 | 参籠神事 | |
| 〃 | 11 | 〃 | 吉書神事 | |
| 〃 | 〃 | 〃 | 御姫神事 | 北島宅で「飛馬連歌」あり |
| 〃 | 〃 | 〃 | 釿始神事 | |
| 〃 | 〃 | 〃 | 殿原舞神事 | 田植神事 |
| 〃 | 12 | 〃 | 御姫神事 | |
| 〃 | 13 | 〃 | 御姫神事 | |
| 〃 | 〃 | 〃 | 水行神事 | |
| 1 | 13 | 千家 | 舞童神事 | |
| 〃 | 〃 | 〃 | 仮宮社参詣 | |
| 〃 | 〃 | 〃 | 早玉社参詣 | |
| 〃 | 〃 | 〃 | 宮廻神事 | 日御碕社検校の勤仕 |
| 1 | 15 | 〃 | 粥神事 | |
| 〃 | 19 | | 鰐淵寺僧行法 | 千家宅にて行う |
| 〃 | 20 | 千家・北島 | 鰐淵寺僧大般若経転読 | |
| 〃 | 〃 | | 鰐淵寺僧行法 | 北島宅にて行う |
| 〃 | 25 | | 連歌 | 千家・北島両家にて行う |
| 2 | 1 | | 御供 | |
| 3 | 1 | | 御供 | |
| 〃 | 〃 | 千家 | 歩射神事 | 「男者の祭」とも称す |
| 〃 | 1～3 | | 三月会 | 「御頭神事」 |
| 4 | 1 | | 御供 | |
| 〃 | 8 | 北島 | 影向神事 | |
| 〃 | 29 | 千家 | おりゐの神事 | |
| 5 | 1 | | 御供 | |

| 月 | 日 | 担当 | 仏神事名 | 備考 |
|---|---|---|---|---|
| 5 | 5 | 北島 | 五月会 | 「五霊会」とも称す、「御頭神事」 |
| 〃 | 1～7 | | 鰐淵寺僧護摩供 | |
| 〃 | 晦日 | 千家 | 涼殿神事 | 「真菰神事」とも称す |
| 6 | 1 | | 御供 | |
| 〃 | 28 | 北島 | 涼殿神事 | 「真菰神事」とも称す |
| 7 | 1 | | 御供 | |
| 〃 | 4 | 千家・北島 | 身逃神事 | |
| 〃 | 5 | 千家 | 爪剥神事 | 一日よりこの日まで別火参籠 |
| 〃 | 7 | 〃 | 七夕神事 | 日御碕社検校の勤仕 |
| 8 | 1 | | 八朔御供 | |
| 9 | 1 | | 御供 | |
| 〃 | 1～7 | | 鰐淵寺僧護摩供 | |
| 〃 | 9 | | 九月会 | 「御頭神事」 |
| 10 | 1 | | 御供 | |
| 〃 | 11 | 北島 | 忌御供 | 「神在祭」 |
| 〃 | 11～17 | 千家・北島 | 参籠神事 | |
| 〃 | 15 | 北島 | 諸御供 | |
| 10 | 18 | 千家 | 神上神事 | 日御碕社検校の勤仕、湊社にて行う |
| 11 | 1 | | 御供 | |
| 〃 | 17 | 千家 | 一祭 | |
| 〃 | 22 | 〃 | 二祭 | |
| 〃 | 27 | 〃 | 三祭 | |
| 〃 | 中卯日 | 千家・北島 | 新嘗祭 | 大庭神魂社にて行う |
| 12 | 1 | | 御供 | |
| 〃 | 13～19 | 千家・北島 | 参籠神事 | 国造・上官参籠 |
| 〃 | 27 | 北島 | 御饌井神事 | |
| 〃 | 〃 | 〃 | 釜神事 | 「筒細神事」とも称す、別火宅にて行う |
| 〃 | 大晦日 | | 釜神事 | 千家・北島両家にて行う |
| 〃 | 〃 | 千家 | 参籠神事 | |

から、この神事の成立も同時期であったと考えられる。

正月二十五日の連歌については、連歌が広く隆盛し、社会的にも広がるのが南北朝・室町期であること、これに対し、島（千家方）・富（北島方）両家が出雲大社の連歌師として体制的に整備されるのが戦国期であることなどから、出雲大社の神事（年中行事）として整えられるのは室町期頃になってからではないかと考えられる。

四月二十九日のおりゐ神事と六月二十八日の涼殿神事は、両国造家の年中行事書ではともに「涼殿神事」と呼ばれ、夏の暑い時期に大社祭神が本殿東方の出雲森（涼《すず》見殿《みどの》）に涼みに出かけ、また本殿に帰ってくる神事と説明されている。しかし、他の年中行事がいずれも大社祭神の日常的な不在を前提としていることからしても、この説明に整合性はなく、本来の神事が衰退し、その意味が分からなくなってから（戦国期ヵ）、後付け的に説明を加えたものと推察される。

### イ、第一期（十一世紀後半～十二世紀）に遡る可能性の高い年中行事（「御頭神事」を除く）

各月一日（朔日）の御供《ごく》は、正月元日の「元三会《げんさんえ》御供」から始まって、文字通り各月始めに行われた「朔幣《さくへい》の御供」のことで、全国的にも広く共通して認められる。一宮制の整備にともなって、出雲国衙からその費用も拠出されていて（一八三号）、第一期にまで遡る神事であることは疑いない。

正月十一日の殿原舞神事について、近世には一般に「男性の神官（殿原）が舞う神事」と説明されたが、中世の殿原が分からなくなったことによるもので、先述したように殿原は村落上層民と考えなければならない。そしてこれが「田植神事」とされたことからすると、本来は歩射神事と同じ正月七日に、予祝の「田植神事」として御頭神事の一部を構成していたのが、その御頭神事の衰退にともなって分解され、単独の神事として殿原舞神事と称されるに至ったと考えるべきものであろう。

正月十三日の宮廻《みやめぐり》神事は、石見国一宮物部神社では正月八日に宮巡式として行われたもので、境内外の摂末社を廻って神拝を行う行事である。中世出雲大社の成立及び国鎮守化にともない、かつての式内社《しきないしゃ》日御碕社が出雲大社の末社として組み込まれ、同社検校が出雲大社の神官として執り行ったもので、神事としての成立も第一期に遡ると考えてよいであろう。

正月十五日の粥《かゆ》神事は、小豆粥（現在の小豆飯＝赤飯）を炊いて神に供え、人も祝食する儀礼をいう。古くから全国各地で行われていて、出雲大社の場合も同様と考えられよう。

四月八日影向《ようこう》神事の影向とは「神仏が来臨する」の意味で、この日は一般に「卯月八日」と呼ばれ、全国的にも田の神迎えの神事が広く行われた。十月十八日の神上《かみあげ》神事（田の神送り神事）とセットをなすもので、種まきの時期を迎え、初夏の祭りとして行われたと考えられる。

年中行事表の六月には、二十八日の涼殿神事以外の神事が欠落してしまっているが、六月は一般に田植えが終了し、稲の無事な成長を祈りつつ暑さの峠を迎える重要な時期とされていて、「水無月」の名の通り、水の神を祀る行事や祓《はら》えの神事が盛んに行われた。六月二十八日の涼殿神事の中にかすかに残る「影向の井（御手洗井《みたらい》）」の御幣が、本来の水神祭り（＝御手洗井神事）の残存なのではないか。そのことから、六月の御手洗井神事は第一期に遡る神事であった可能性が高いといえるであろう。

七月七日の七夕神事は、これまた日御碕社検校が担当する神事で、正月十三日の宮廻神事などと同じく、第一期に遡る神事と考えられる。但し、早くに衰退してしまったためであろうか、祭礼の具体的な内容は、史料の欠如もあって不明といわざるを得ない。

十月十八日の神上神事も御崎社検校が担当し、稲佐浜の南端に位置する境外摂社湊社で行われた。卯月八日の田の神降ろし神事に対応する、田の神送りの神事と考えられる。

その他、第一期に遡ると推察される年中行事に、正月十一日の釿始《ちょうなはじめ》神事がある。これは、大工・番匠等が参加して行う年頭の仕事始めの儀式で、昔は大社領七浦から鰤・するめ等の肴が納められる例になっていたといわれている。

### ウ、時期不明ながら早い時期から行われていたと推定される年中行事

七月四日の身逃《みのがれ》神事・行道《ゆきみち》神事と翌五日の爪剝《つまむき》神事については、従来からともによく意味の分からないものとされてきた。しかし、これらを一連の神事と捉えれば、理解も十分に可能と考えられる。

まず身逃神事について。この神事は、国造が自宅を出て家内を洗い清め、自らは他家に仮宿することから名付

けられたもので、国造の潔斎と同時に、翌日の神事（爪剝）に備えるためのものであったと考えられる。

この一連の神事のもう一人の主役は別火で、一～五日の間、忌籠によって厳重に身を清め、四日真夜中に秘かに（人目を避ける形で）行道神事を行うこととなっている。国造に代わって、神を大社本殿に導いてくるためと考えられる。

爪剝神事に関しては、神魂社の七月七日妻向き神事、熊野社の七月吉日ツマムキノ神事、紀伊国一宮日前国懸《ひのくまくにかかす》神社の七月十五日津万牟幾《つまむき》祭など類例も多く、国造が実を付け始めた稲穂の皮を自ら爪で剝いで神に見せる、あるいは神に手渡すところから名付けられた儀礼であったと推察される。国造が直接神に接触すると考えられた唯一の神事であることから、とりわけ厳重な潔斎が必要とされ、特異な形で定式化されることとなったのであろう。

最後に、十月十一日の忌御供《いみのごく》と同十一～十七日の参籠神事について。これらの神事は、先述した十月十八日の神上神事と一連のもので、帰っていく田の神を労うための儀礼と考えられる。近世以後の、出雲大社本殿で行われる賑やかな祭礼とは趣を異にする、神官のみによってしめやかに執り行われる、中世特有の神在祭《じんざい》であったと考えられる。

神在祭が中世の早い時期から行われていたことは、次に示す御崎社検校契約状案（出雲大社文書、四九六号）からもうかがうことができる。

かくさう（国造）殿へけんけう（検校）代々御やく条々之事
一正月宮めくりの御神□（事）之□（事）
一毎年御弓の事
一毎年御年□（貢）五貫文之事
一七月七日しやつしやう之事
一毎年十日あて日や御はて、ならひ御かまけてよの事
一けんけう代かハりに、つきめの御礼せに十貫文之事
一神馬太刀ものゝ具、□□（こく）さ□（うとのへ）上可申候事
一毎年十月神在に三日の□□□事
右、何れも我等せんそ代々仕きたる御やく、一こともふさたあるへからす、恐惶謹言、
正平八年（一三五三）三月二日　（小野）清政　判
社けふきやう御中

## 三　むすび―中世出雲大社年中行事の歴史的特徴―

以上に述べてきたことを踏まえ、改めて中世出雲大社の年中行事を全体として眺めてみると、次のような特徴を指摘することができる。

第一に、中世年中行事の歴史的変遷とその諸画期（一～五期）の概要を確認することができる。これは、出雲国内はもちろん、全国的にも極めて希有なことで、比較的史料に恵まれていることもさることながら、出雲大社の辿った特異な歴史過程がこれを可能としたことに注意しておく必要がある。

第二に、右のこととも関わって、中世成立期（第一期）の年中行事の概要を復元できることが重要である。そしてそれが可能になった条件として、次の点を指摘することができよう。一つは、国造出雲氏が十世紀に杵築に拠点を移し、古代とは断絶する新たな形で出雲大社の祭礼構造を構築していったことである。二つには、その古代から中世への転換が祭神の転換や中世神話の成立など、これまた古代とは異質なものへの移行を意味していたことである。要するに、国造出雲氏が十世紀以後の社会構造の変化に対応しながら、古代とは異なる独自の形で整えていった新たな祭礼構造や年中行事こそが、中世成立期（第一期）のそれに他ならなかったと考えられるのである。

第三に、中世成立期における出雲大社の年中行事の内容的な特徴として、次の二点が指摘できる。一つは、農事暦との基本的な共通性が確認できることである。その主なものを摘記すれば次の通りである。

◎正月七日（歩射神事）…春の訪れにともなう新年の予祝神事
◎三月三日（三月会）…海から寄り来る神を迎えての、農作業の開始を祝う春まつり
四月八日（影向神事）…田の神迎えのまつり
◎五月五日（五月会、五霊会）…田植えまつり
六月二十八日（涼殿神事）…水神まつり
七月七日（七月会、七夕神事）…新穀まつり
八月一日（八朔神事）…初刈りまつり
◎九月九日（九月会）…収穫祭
十月十八日（神上神事）…田の神送り

右のうち、◎印を付したのが御頭神事で、農事暦の中でも最も中核的な位置を占めている。そのことから、二

つ目の特徴として、年中行事の中の最も中核的な部分が御頭神事として編成されていることにあるといえよう。

御頭神事は、農民たちも参加して行われる地域ぐるみ、ないし地域社会にとっての祭礼という意味を持っているところに最も重要な特徴があり、それだけ地域社会に根ざした強靱な生命力を保持したと考えることができる。

第二期以後、出雲大社やその祭礼構造には様々な変化が生まれ、御頭神事を中核とする第一期の年中行事も変質や形骸化を免れることはできなかったが、しかし中世の年中行事の基層としての役割を担い続けたことにも、正しく目を向けておくことが重要だと考えられるのである。

**【参考文献】**

井上寛司「中世杵築大社の年中行事と祭礼」（『大社町史研究紀要』三、一九八八年）
『大社町史』上巻（大社町教育委員会、一九九一年）
『出雲国浮浪山鰐淵寺』（浮浪山鰐淵寺、一九九七年）
『松江市史』通史編2中世（松江市、二〇一六年）

# 北島国造家の年中行事と中世の「食」文化

山﨑裕二

出雲大社北島国造家方上官の稲岡与三兵衛尉孝忠《のりただ》が、慶長三（一五九八）年に書き遺した北島国造家年中行事覚書（『出雲大社年中行事次第』）から中世の国造家の年中行事と行事食を紹介するとともに、行事食の分析をとおして出雲地域の中世の「食」文化の特色について考える。

**やまさき・ゆうじ**
公益財団法人いづも財団事務局長。昭和二十三（一九四八）年、島根県に生まれる。島根大学教育学部卒業。島根県内の国公立学校教員、島根県教育庁職員、島根大学特任教授を経て現職。専門は歴史教育、出雲地域の中近世史。
【編著書・論文等】
『大社町史』上巻・中巻（大社町及び出雲市）、『出雲国浮浪山鰐淵寺』（『出雲国浮浪山鰐淵寺』刊行会）、『出雲大社の寛文造営について』（島根県古代文化センター）、『出雲国大社観光史』（大社史話会）ほか。

## はじめに

出雲大社の中世年中行事の変遷や祭礼構造の特質については、すでに井上寛司氏により明らかにされてきている。本稿は、この出雲大社の祭祀を主宰する出雲国造家の年中行事を通して、国造家独自の行事や行事食について考えてみたいと思う。

周知のように、出雲国造家には千家家と北島家の両家があり、中世から近世末までの出雲大社の祭祀はこの両家が隔月で担当してきた。すなわち、一・三・五・七・九・十一月の奇数月は千家家が担当し、二・四・六・八・十・十二月の偶数月は北島家が担当した。

この両家の中世年中行事を示す史料は、次のA、Bの二つがよく知られている。Aは千家家方の年中行事を記録したものであり、Bは北島家方の年中行事の覚書である。

A　天正十二（一五八四）年九月「杵築大社年中行事

目録写」（千家所蔵古文書写乙）【『大社町史史料編』（古代・中世）二〇九二号】

Ｂ　慶長三（一五九八）年「杵築大社年中行事次第」（佐草家文書）【『大社町史史料編』（古代・中世）二四七六号】

Ａ、Ｂの史料ともに担当月である出雲大社の年中行事と国造家の年中行事が述べられているが、どちらかといえば、Ａが出雲大社の年中行事を中心に記述されているのに対し、Ｂは国造家独自の行事や行事食まで詳細に述べているところに特色がある。そこで、本稿ではＢを手掛かりに、北島国造家の年中行事及び行事食の特色と「食」文化について考えてみようと思う。

出雲地域における中世の「食」文化に関する研究は、これまでほとんどなされておらず、未開拓な分野の一つである。その理由として考えられることは、まとまった史料が見当たらないからである。

そういった意味で、本稿が対象とする北島家年中行事は、中世出雲地域の「食」文化を探る唯一といってもよい史料である。ただし、出雲国造家という特別な地位にある家の「食」文化であり、しかも「行事食」という特殊なものである。これをもって直ちに一般化することはできないが、中世出雲地域の「食」文化研究に関心をもつ人が増えれば、望外の喜びである。

本稿で述べる手順としては、まず中世の出雲国造北島家とは、どのような存在であったかについて述べる。次に同家で行われていた年中行事を史料「慶長三年杵築大社年中行事次第」（以下、『次第』と略す）に基づいて紹介する。その後、年中行事と行事食の関係について考察し、北島家の中世の「食」文化の特質を探ってみたい。

江戸初期の出雲大社と千家・北島両国造邸
（「杵築大社近郷絵図」〈部分〉北島建孝氏蔵）

## 一　領主としての側面をもつ出雲国造北島氏

出雲国造北島氏には、二つの側面があった。一つは千家氏とともに出雲大社の司祭者としての側面であり、いま一つは領主としての側面である。

千家・北島両氏は、中世以来、杵築及び周辺地域に広大な所領を有していたが、この所領を出雲大社領と呼んでいる。この所領は、俗に「十二郷七浦」とも称され、最盛期には五、四〇〇石余の所領を有していた。「十二郷」とは、遙堪《ようかん》・高浜・稲岡・武志・富・北島・千家・石塚・求院《ぐい》・鳥屋・出西《しゅっさい》・阿吾《あご》の郷村であり、七浦とは杵築・黒田・免《めい》結・鷺《さぎ》・宇峠《うど》・井呑《いのめ》・宇龍の諸浦である。

ところが、戦国大名尼子氏に代わって毛利氏が出雲地域の覇権を握ると所領支配にも変化が生じてきた。それは、朝鮮出兵に際して、毛利氏の陣夫供出の要求を出雲大社側が拒否したために、所領を大幅に削減されることとなった。付け置かれたのは遙堪・高浜・千家・北島・武志の五村と杵築・鷺の二浦となり、所領高は二、三〇〇石余になってしまった。

天正十九（一五九一）年の所領付立によれば、千家氏の所領は高浜村と千家村で一、〇〇〇石、諸祭田分が一七八石の計一、一七八石であった（千家家文書）。また北島氏の所領は、遙堪村と北島村・武志村で一、〇〇〇石、諸祭田分が一二五石の計一、一二五石であった（北島家文書）。しかし、それでも出雲国はもちろん毛利氏全領国の寺社関係では群を抜く所領高を誇っていた（『八箇国御時代分限帳』）。

ところで、中世以来、出雲国の治政者が代わっても、変更されない出雲大社領があった。それは、出雲大社のお膝元にあたる杵築である。俗に「杵築御領分」と呼ばれるこの地は、出雲大社宮廻りの地と越峠・市庭（市場）・仮宮・大土地・小土地・中村・赤塚の村々が該当する。村といっても住人の職種は農業ばかりでなく、「かちや（鍛冶屋）」、「かみゆひ（髪結）」、「くしや（櫛屋）」、「米屋」、「風呂屋」、「船道」、「大鋸引《おがびき》（木こり）」「番匠《ばんしょう》（大工）」など様々な商職人が多数居住していた。

これらの土地と屋敷はすべて両国造家の所有であり、居住するには国造家の承認が必要だった。また、両国造家は杵築の各村それぞれに於いて支配屋敷を所有していたが、村ごとに千家家と北島家の支配屋敷は混在しており、一円支配ではなかった。文禄四（一五九五）年の千家家の支配屋敷（寺院も含む）は一六五ヶ所であり（千家家文書）、天正十九（一五九一）年北島家の支配屋敷（寺院も含む）は一六二ヶ所であった（北島家文書）。ちなみに、北島家の村ごとの支配屋敷数は、次のようになる。

（出雲大社宮廻りカ）………四一ヶ所、
越峠…………九ヶ所　市庭………一八ヶ所、
赤塚………一八ヶ所　小土地………七ヶ所、
大土地……二一ヶ所　中村………二〇ヶ所
仮宮………一六ヶ所、寺院………一二ヶ寺

これから検討する北島国造家の年中行事もこのような領主と住人の関係も合わせて考えていく必要があろう。

## 二　北島国造家の年中行事について

『次第』の原題は、「北島殿御家に有来儀《ありきたりのぎ》おほへのま丶書立《かきたて》事」（佐草家文書）である。北島家上官（上級神官）の稲岡与三兵衛尉孝忠《のりただ》が慶長三（一五九八）年に書き遺した覚書である。稲岡孝忠は、出雲大社北島家方の上官として、佐草吉清上官とともに当時の北島国造家の中核を担う人物であり、寛永三（一六二六）年には森脇氏に改姓し、その後は森脇上官と称するようになる。

稲岡孝忠は、北島国造家の中世からの年中行事が次第に忘れられてきたために、当時一四歳の若き国造である北島広孝《ひろのり》の今後のために、書き遺した覚書と思われる。だからこの覚書は、北島家の公式の記録ではない。しかも孝忠の経験がもとになっているために、関心の深い行事とそうでない行事の間に記述の精粗がある。したがって、この史料から北島国造家の年中行事の全貌を把握することはできないが、その概略は把握できるのではないかと考える。

この史料については、すでに平井直房氏が「近世初頭の国造家年中行事」（『出雲国造火継神事の研究』所収　大明堂　平成元年）において紹介され、翻刻《ほんこく》とともに詳細な解説が加えられている。本稿は、この平井直房氏の研究を下敷きにして、論を進めていることをあらかじめお断りしておきたい。

ただ、この『次第』の原文は、稲岡孝忠の個人的な覚書であるために独特の表現もあり難解である。また、孝忠が情熱を傾けて著述したためか、なかなかの長文でもある。そこで本稿では、この年中行事を抜粋要約して掲載することにする。なお、文中の太字は飲食儀礼や料理（または食材）に関するものであり、筆者がのちの説明の便宜上表記したものである。また、いくつかの行事については、読者の理解を助けるために解説も付記した。

「北島殿御家に有来儀おほへのまゝ書立事」

一月元日　「御火さま（国造）」、「御うへさま（国造夫人）」など家族の間で**三献**《さんこん》と**雑煮**《ぞうに》で内祝いがあり、佐草上官が奉仕した。そのあと国造は出雲大社に参拝する。下向の時に命主社《いのちぬしのやしろ》に参拝する。帰館後、上官以下、配下の社人が出仕する。一五畳広間で年賀を受けてから**埦**《おう》**飯**《ばん》の振舞いあり。**豆腐**《とうふ》**の吸い物**で一献したあと、国造の酌で一人ひとりが盃を受ける。次にお火所から国造専用の**酒**が出され、謡曲があって最後に佐草上官が舞ってお開きになる。

一月二日　地元（杵築）の、「大とち・小土地・中之村・あかつか・かりの宮」の百姓衆が「ひねりとび」（米を紙で包んだもの。おひねりのこと）をそれぞれ五つずつ持参して、国造家に年賀に来る。国造は、彼ら一人ひとりに手酌で**御酒**を振舞った。

一月三日　三日には年男が、三方に盛った正月の飾り物を「御うへさま、御つほね（生母）・おちちさま（乳母）」の前に据える。三日間佐草殿が奉仕。近習衆にも三日の間、**雑煮**がでる。国造は親類衆・被官を従えて、神宮寺の「三光さま」に樽二具・肴を携えて参拝。神宮寺からは「**せりの吸い物**」が出る。神宮寺からの帰途、樽三具と銭三貫文を携え、天徳寺に参る。「市庭《いちば》・越峠《こえど》」の百姓衆が「鈴」（徳利に似た錫製か陶製の酒瓶）をもって年賀に訪れる。国造から一人ひとりに手酌で**御酒**が振舞われる。

一月四日　近在の僧侶たちの年賀がある。天徳寺（天台宗）・薬師寺（真言宗）の僧との間で**三献式**がある。国造から**御酒**が振舞われ、上官の佐草氏が酌をした。続いて、神宮寺（曹洞宗）・所讃寺《しょさんじ》（浄土宗）・松林寺（真言宗）、西蓮寺（曹洞宗）の四ヶ寺の僧が出頭する。神宮寺は銭一貫六百文、松林寺と西蓮寺はそれぞれ**茶**三袋を持参した。また所讃寺は銭二〇〇疋を持参した。所讃寺は、国造北島広孝《ひろのり》の室、玄光院が特別に信仰したという。三献目に国造が四ヶ寺の僧に酌をした。盃始めは、所讃寺であった。四ヶ寺の年始が終わると、全ての持庵衆がそれぞれ**茶**を持参し、年始のために出頭した。それぞれに**豆腐の吸い物**と**御酒**が振舞われた。

**【解説】**　国造家に僧侶が年賀に訪れるとは不可解な話だ

が、当時は神仏習合であったために、このようなことは普通に行われていた。なお、今日でも僧侶の年始は正月四日に行われているが、このような習慣は、すでに四〇〇年以上も前から行われていたようである

一月五日　遙堪《ようかん》の百姓衆が年始に来る。遙堪の百姓衆は「ひねり米」（米を紙で包んだおひねり）を持参。両公文《くもん》（庄屋）は樽一具、また阿式宮神主も樽一具、出家衆は茶を持参。両公文・神主・出家衆には**豆腐《とうふ》の吸い物**が出、**酒**で過ごし、のち**垸飯《おうばん》**茶碗が出、さらに**酒**が出て、次第に**酒**が絶えると百姓は「あぐハを打ち」て帰る。「あぐハを打つ」とは、一斉に「ウオーッ」という大声を出すことである。当時は、これが酒席終了の合図であったようである。また武志の百姓衆も米一升ずつを持参した。

一月六日　鷺《さぎ》の百姓衆が年始に来る。**あわび**三十、**のり**一敷、**かしかめ**一折敷、「ひねりとび」を持参する。本願が樽一具を持参して年始に来る。国造より酌があり、**御酒**が振舞われ、本願は「舟うた」を謡《うた》った。北島村百姓衆が「ひねりとび」にて年始に来る。公文は樽一具、役人は「**かふ**」一束、出家衆は**茶**を持参。国造より酌にて**御酒**を過ごし、「あぐハ打ち」て帰る。

**【解説】**ここでは、本願が年賀に訪れ、「舟うた」を謡ったことが注目される。本願とは、出雲大社の建造物全般を管理する人物である。彼が、謡った「舟うた」が、どのような節回しで、どのような歌詞内容であったかは知る由もないが、すでに慶長三（一五九八）年以前から当地では、「舟うた」（船謡《ふなうた》）が謡われていたことになる。一般に「船謡」といえば、江戸中期以降に北前船によって島根半島沿岸部にもたらされた謡《うた》とされているが、この船謡とは異なるのか、それとも全く別の系譜をもつ謡なのかは謎である。筆者は、ここで謡われた「舟うた」は新年を寿ぐ謡であったことは間違いないから、かつて宮中で新年を寿いだ踏歌《とうか》を系譜にもつ謡ではないかと考えている。いずれにしても、この件については今後の研究課題としたい。

一月七日　朝山村鷺分の百姓が祝田の**米**を持ってきた。**吸いもの**が出され、**御酒**も出た。

一月十一日　飛馬の連歌がある。

一月十二日　広島御曹司様（毛利輝元）の御祈念連歌百韻がある。

一月十九日　明日の鰐淵寺僧を迎える儀式に備えて、北島家邸内外の掃除がある。

**一月二十日** 鰐淵寺僧九名が下山して、出雲大社神前で「天下御祈念之御経」をあげた後、北島邸で儀式があった。北島家では、国造家の御親類衆もそれぞれ素襖袴《すおうはかま》にて出仕し、僧を出迎えた。接待は、まず「**茶之子**」はちが出、続いて**御茶**が出た。国造へは、**昆布・栗・柿・餅**も出た。各々には「**まめのこもち**（豆の子餅）」が出た。

その後、酒宴となった。最初に国造に専用の盃で、また鰐淵寺僧には並の盃で**三献**があった。この接待は北島家の親類衆が行った。料理は、足付折敷や剝膳《へきぜん》・三方などを使って、次のような種々の料理が出された。

一に、**昆布・かなわり**（不明）
二に、足つきの膳に、**黒豆**と**牛蒡**《ごぼう》
三に、剝膳に、**豆腐の吸い物**
四に、足つきの膳に、かわらけに**ゆで芋**を入れ、**若和**《わか》**布**《め》**・けづり餅**
五に、剝膳に、かわらけに入れた**せり焼き**
六に、剝膳にかわらけに**こね**（不明）二編
七に、剝膳に、星、但し、**むらさき大根六かくもり**

その後、**饗膳**となり、「折」（折敷）が出た。酒宴ではお囃子も奏された。鰐淵寺僧・法印が国造に酌に参り、「だいしゃ舞」を舞った後に、お開きとなった。

**【解説】** 中世になると神仏習合思想が出雲地域にも広まり、出雲大社と鰐淵寺とは互いに提携して宗教的権威を高め、当地の聖俗両界をリードしていた。中世末期になると出雲大社の三月会に鰐淵寺衆徒が参向し、神前で大《だい》般若経《はんにゃきょう》を転読したほか、正月、五月、九月にも参籠し、七日間の護摩《ごま》供を修した。しかし、五月と九月の勤行は次第に消滅し、正月二十日の行事と三月会だけが残されていた。この史料には、二回の行事のみが記載されている。

**一月二十五日** 毎月の連歌があって、国造が発句を詠んだ。

**二月一日** 国造が装束を改め、御家中衆を従い、本殿奥の御内殿の神供を捧げ、下殿して国造邸で**埦飯の式**がある。これには神魂《かもす》神社（今の松江市大庭町）の秋上《あきあげ》神主も出た。また長泉寺《ちょうせんじ》（今の出雲市矢野町）よりも名代が出席した。国造へ**昆布・栗・柿や餅**も出した。その後、各々へ「**まめのこもち**」（豆の子餅）が出た。その後、酒宴はまず一献して**埦飯**が出、国造の酌で**御酒**が出た。盃初めは秋上神主であった。

**三月三日** 三月一日から三日までは出雲大社の例祭（三月会）がある。この月は奇数月であるので千家国造家が

担当月であるが、この例祭だけは、三番饗（三日の祭礼）を北島家方が受け持つことになっていた。鰐淵寺より名代が参り、御供がある。仮宮の頭練《とうねり》が終わった知らせが入ると、北島国造は鉾・傘を先頭に行列して神殿に向かう。昇殿して、神前に大御供を献じ、そのまま庁の舎に入る。その後、**饗膳**《きょうぜん》が出、式三番《しきさんば》（猿楽能か）、獅子舞、流鏑馬《やぶさめ》がすむと国造・上官は再び昇殿して撤饌し、神事を終える。

**四月八日**　祭りがあり、麹《こうじ》田を作る者より、「**にこりさけ**」（濁酒《どぶろく》）の箍《たが》が一つ出る。肴《さかな》には**なます**がでる。庁の舎の御近習衆が皆集まり頂く。余った**酒**は、役人の太郎右衛門のものとなった。

**五月四日**　翌日の節句に備えて、被官衆・御近習衆たちが「**まき**」（粽《ちまき》）作りをした。真菰《まこも》や茅草を「しび」（柳の枝を削ったもの）で結んだ。すべての「まき」を結び終わってから、「**つくねめし**」（握り飯）が出る。その後、肴と**酒**が出る。

**五月五日**　節句日の五日には、御家来衆が出頭し、いずれも鈴を持ってくる。なかには、樽肴《たるさかな》を持って来る人もいる。「**まき**」（粽）二つと「**山芋**」二つが出る。**酒**もでる。

**六月二十八日**　涼殿祭は出雲大社東方にある出雲森（涼殿）から霊を迎える神事である。千家家はすでに六月一日の朝方に行われるが、北島家は二十八日の夕方に行うことになっていた。

**七月四日**　夜に見《み》（身）逃《にげ》神事があり、被官衆・近習衆が出仕して清掃を行う。掃除が済むと皆に**飯**と**酒**が出る。

**八月一日**　八月は北島家の担当月である。国造の神前奉仕の後に帰館後、上官たちに**埦飯**の振舞いがある。また、各々へは「**まめのこもち**」（豆の子餅）が二つ配られる。

**九月九日**　この日は重陽《ちょうよう》の節句である。**埦飯**があり、親類衆は素襖袴の正装にて出仕。それぞれが献上品を披露して、その後**小豆飯**の後、**酒**が出てお開きになる。

**十月十一日**　「洗い御供」があり、出雲大社にて大規模な神饌が行われた。餅にしないで、洗い米のまま神々に供えることから、この名が生まれた。出雲大社ではこの日から十七日までが神在祭、国造と上官が庁の舎で参籠を続けた。

**十一月一日**　「新嘗会《しんじょうえ》」に付き従う供の人数が発表される。「新嘗会」とは出雲大社の収穫祭のことである。これは、十一月中の卯の日に松江南郊の神魂神社で行われることになっていた。両国造は二日前の丑の日に杵築を出立し、鉾《ほこ》・朱傘《しゅかさ》を先頭に数十人の被官のほか近習・医者・中間などを従え、約一一里の道を途中で一泊して寅の日に大庭に着く。留守の人々は、卯の日に連歌をなし、国造家では昼食を供する。同夜は小豆粥が作られ、奏楽がある。

十二月十三日　この日より十七日まで国造と上官は、夜だけ参籠する。二十日に祭礼があるが、何の祭礼かはわからない。

十二月二十七日　遙堪・北島村・武志村から蕪《かぶ》・大根の献納がある。また北島村より「いもかしら」五〇、遙堪より牛蒡《ごぼう》一五把の献納がある。

宵《よい》になると「宮の井のまつり」がある。今日では御饌《みけ》井《い》祭《さい》と呼ばれている祭りである。御饌井とは、現在の拝殿の西側にある井戸である。神饌を炊《た》く水を汲む。井戸の西側に畳を一枚敷き、台上に榊舞の手草（榊）と灯火を置き、まず別火が米・酒の入った土器を供えて祝詞を上げる。次に国造が手草を持って榊舞を三番舞う。そのあと、国造・別火とも御幣をもって同時に祝詞《のりと》を奏し、その後直会《なおらい》がある。続いて庁の舎に移り、畳を一枚敷いて国造の座とし、その前に饗膳二膳に白搗《つ》きの杉もりめし（高く盛った飯）、烏賊《いか》一枚、大根一本、いぬのした（楕円形の）餅八〇枚を据える。まず本殿に向かって御幣をもち国造の祝詞があり、再び三番の榊舞がある。次いで酒・肴がでる。肴はゆで芋三つと大根の酢の物の中に豆を入れたものが出る。酒は、はじめの一献は「御しゅかめのさけ」（醴酒《ひとよざけ》、一夜酒《ひとよざけ》のことか）、あとの二献は「にごりさけ」（濁酒《どぶろく》のことか）を使う。

十二月二十八日　国造家の竈《かまど》祭がある。「解除《けど》」すなわち竈の前で祝詞を読んで清めをする。「神主」は「釜社」の社司であろう。この日に餅つきが行われる。前日の晩より甑などを準備し、朝方から餅つきが始まる。

十二月二十九日　大掃除が行われる。

大晦日　宵に御釜神事が行われる。御釜神事とは、釜社の祭りのことであろう。その時刻は、両国造の大晦日の月番交替が酉の刻（午後六時頃）というから、神事はそれ以前に行われたのであろう。神事は釜の前に畳二畳、傍らに莚《むしろ》二枚を敷く。釜の上には幣を立て、三ヶ所に紙を敷き土器を置いて米を供え、祝詞がある。その後の直会に、別火は先ず釜の上の醴酒をいただき、「かわらけわり」といってその土器を割ってしまう。次いで昆布・栗の膳が出て、よき酒で一献、その後に芋の吸い物・大根なます・雑煮が入った脚付きの膳が出て一献し、三献が終わる。

## 三　年中行事と行事食

慶長三（一五九八）年に稲岡孝忠が著した『次第』には、北島国造家に伝承されてきた元旦から大晦日までの年中行事が記載されていた。その内訳は、年始に関わる行事、鰐淵寺僧来訪に関わる行事、出雲大社の祭りに関わる行事、節句や大掃除・連歌会など北島家独自の事業に関わる行事など、実に様々であった。そして、これらの諸行事の大部分は、飲食を伴う行事であった。

そこで、本章では、これら飲食を伴う年中行事を「食」文化の面から捉え直し、年中行事と行事食の関わりについて考えてみようと思う。とはいっても、飲食を伴う年中行事の一つひとつについて検討を加えるほどの余裕はない。そこで、本稿では年中行事を「客人の接待に関わる行事食」、「出雲大社の祭りに関わる行事食」、「国造家独自の行事と御家中衆等への行事食」の三つの観点から述べてみようと思う。

### 1　客人の接待に関わる行事食

北島国造家の客人の接待に関する行事食は、大きく分けて二つある。一つは年始に関わる行事食であり、今一つは「天下御祈念」のために下山した鰐淵寺僧に関わる行事食である。

#### （1）年始客に関わる行事食

まず、年始客に関わる行事食から考えてみよう。北島国造家の年始行事は、元日の御家来衆の年始から始まり七日まで続くが、年始日は次のように、それぞれ定められていた。

元日……（北島家家族）、北島家御家中
二日……（杵築御領分）大土地・小土地・中之村・赤塚・仮宮の御百姓衆
三日……（杵築御領分）市庭・越峠の御百姓衆
四日……（近在の寺院）天徳寺・薬師寺・所讃寺・神宮寺・松林寺・西蓮寺、持庵衆
五日……遙堪の御百姓衆（両公文・阿式宮神主・出家衆）武志村の御百姓衆
六日……鷺の御百姓衆、本願、北島村の御百姓衆（公文・役人・出家衆）
七日……朝山村鷺分の御百姓衆

ここで年始客の行事食の特色について考えてみよう。まずその一は、北島家御家中衆をはじめ、杵築御領分の住人、近在の寺院僧、遙堪・武志村・鷺・北島村からの年始客一人ひとりに、国造の酌で酒が振舞われたことである。これは、国造と御家中、国造と杵築御領分の住人、国造と北島領の領民、国造と近在寺院の僧と主従関係を確認する機能を持っていたし、また一方では国造と領民一人ひとりとの絆を強める機能も持ちあわせていたことになる。このような年始行事が数百年間にも亘って続いたわけだから、国造と領民との間には他所にはみられない特別な関係が出来上がっていったと考えられる。

その二は、同じ北島家領内であっても、「杵築御領分」の住人と北島家領の領民とでは、年始の行事食が異なっていたことである。「杵築御領分」の支配屋敷に居住する住人の年始日は、二日・三日と国造家御家中衆に次ぐ年始日となっていたが、振舞いは御酒だけであった。ところが、遙堪村の指導者層（公文、阿式宮神主、出家衆）の年始に対しては、まず豆腐の吸い物が出、続いて酒が出る。さらに埦飯茶碗が出、その後再び酒が振舞われた。この遙堪村の指導者層の待遇は、北島家上官と同じ待遇であることに着目したい。どうして、遙堪村の指導者層がこれほど優遇されたかについてはよくわからないが、毎年納める年貢の他に、かぶ・大根・牛蒡などを必要に応じて献納していたからかもしれない。

その三は、近在の寺院僧の国造への年始は四日に決まっていたが、その年始順は厳然と決められていた。最初に年始が許されたのは、天徳寺と薬師寺である。両寺の僧は、近在のすべての寺院に先駆けて国造から「三献」を受けた。「三献」とは、主従間で盃を巡らせる「盃事」のことである。一献と二献は佐草上官が酌したが、三献目は国造自らの酌であった。

天徳寺と薬師寺の年始が済むと、続いて所讃寺・神宮寺・松林寺・西蓮寺の四ヶ寺の僧が年賀に訪れたが、彼らには三献はなく、国造が一人ひとりに酒を酌んだ。その際の「盃初め」は、所讃寺であった。同列の寺院では最初に国造から盃を受ける寺院が、いちばん格式が高い寺院とされていた。ちなみに、所讃寺は、北島広孝《ひろのり》国造の室玄光院が特別に信仰していた寺院である。

四ヶ寺の年始が終わると、次は近在のすべての持庵衆が年始に訪れた。国造は彼らには豆腐の吸い物を振舞い、一人ひとりに酒を振舞まった。『次第』を著した稲岡孝忠は、四日の寺院僧の年始について、「さかつき初めハしゅっせ次第也」という文言を繰り返し述べている。ということは、年始の「さかつき初め」は、寺院間の序列を形として表す場であり、国造家の寺院統制の一つでもあったことになる。

### (2) 鰐淵寺僧の接待に関する行事食

次に、鰐淵寺僧の接待について考えてみよう。

北島国造家にとって重要な接待に、一月二十日に出雲大社で「天下御祈念之御経」をあげるために下山した鰐淵寺僧九名の接待がある。北島国造家は「御祈念」後の接待を行った。前日から国造邸内外の掃除があり、当日は国造家の御家中衆はもちろん親類衆も出仕し、素襖《すおう》袴《はかま》の正装で出迎えた。

北島邸では、まずはちに入れた「茶之子」が出された。「茶之子」とは、いま風にいえば「茶請け」のことである。ただし、「茶請け」といっても今日のような茶菓ではなく、かち栗・クルミ・干し柿・餅のような少しばかり腹の足しになるような食べ物であったと思われる。国造へは、昆布・栗、柿、餅が出された。なお、御家中衆や親類衆などの出仕者には「まめのこもち（豆の子餅）」が出た。

その後、宴会となった。わが国の宴会は、「酒礼」と呼ばれる儀礼を重視した「盃ごと」と、食事にあたる「饗膳」、それに「酒宴」の三つで構成されていた。「酒礼」は、一同に酒が振舞われる儀礼で、今日の「乾杯」に相当するものである。一盃の酒を飲むことを一度《ひとたび》といい、三度飲むことを一献《いっこん》と呼んだ。これを普通は三回繰り返した。このやり方を武家社会では「式三献」と呼んだが、北島国造家では「三献」と呼んでいたようである。なお、この「三献」は、今日の結婚式で行われる「三々九度」にその遺制を留めているといわれている。

北島家でも、宴会は「三献」から始まった。国造は専用の盃で、また鰐淵寺僧は普通の盃で、接待者から三献の盃を受けた。一献に三度酒を注ぐから、合わせて九度の酒が酌まれたことになる。この接待は、北島家の親類衆が担当した。

「三献」には、足付け折敷や剝膳《へぎぜん》、三方《さんぼう》などの膳に盛られた料理が出された。その料理とは、①昆布・かなわり（不明）、②黒豆・牛蒡、③豆腐の吸い物、④ゆで芋・若和布・けずり餅、⑤せり焼き、⑥こね（不明）、⑦むらさき大根六角盛りの七膳が用意された。一献につき二膳ないし三膳が出されたのであろう。

その後、食事にあたる「供饗《くきょう》」（饗膳のこと）があり、

「折」（折敷）も出された。続いて「酒宴」となるが、「御はやし」という文言が見られるところから、芸能も酒の肴に数えられていたらしい。そのお囃子も終わり、鰐淵寺僧・法印が国造に酌に参られ、「だいしゃ舞い」を舞った後にお開きになった。なお、この「だいしゃ舞い」が、どのような芸能かについては不明である。

鰐淵寺僧に対する北島家の接待は、以上のようなものであったが、年始客への接待とは比べものにならないほど鄭重なものであったことがわかる。というのは、当時の出雲大社と鰐淵寺とは提携しており、鰐淵寺僧は特別に厚遇されていたからである。

では、鰐淵寺僧に対する接待の特色は、どんなことだったか。このことを、「食」文化の観点からまとめておこう。まずその一は、宴会の始まる前に「茶之子」とお茶が振舞われていることである。お茶は、一般には「饗膳（食事）」と「酒宴」の間に出されることが多いが、「天下御祈念之御経」をあげた鰐淵寺僧の喉の渇きを癒やすために、最初に出されたのであろう。北島国造家の全ての行事食のうちで茶が出されるのは、この鰐淵寺僧に対してだけである。酒食を中心に構成されている行事食の中に茶が入るのは、やはり鰐淵寺僧が特別待遇されていたからと考えた方がよさそうである。

その二は、「三献」に添える料理や食材の豊富さである。昆布、黒豆、牛蒡、豆腐の吸い物、ゆで芋、若和布、けずり餅、せり焼き、むらさき大根など七膳が確認できる。これらは、海のもの・山のもの・畑のものと、それを加工した料理である。魚介類や肉類がないことに着目したい。元来寺社では魚肉を食さなかったし、とりわけ杵築は殺生禁断の地であったから、当然と言えば当然のことである。

また、これら出された料理や食材はそれぞれ意味をもっていた。黒豆や牛蒡の「黒」は健康に良いとされ、この一年の病気を予防し健康を維持するという効用があると考えられていた。また牛蒡は地中に深く根を張ることから一家の基盤が固まるようにとの願いもあった。せりは春の七草のひとつに入っていることからもわかるように、薬効があると考えられている野菜である。このように、「三献」に供された食材は、長寿や健康、家の繁栄など民俗学的に何らかの意味をもつものであったことが窺える。

ところで、「次第」には「三献」については詳しく述べてあるが、「供饗《くきょう》」（饗膳）や「酒宴」のことは簡略に述べてあるだけである。「折」（折敷）が出されたとか、お囃子が奏された程度の記述である。ということは、これまで踏襲されてきたことだから、稲岡孝忠はあえて詳述しなかったのかもしれない。

## ２　出雲大社の祭りに関わる行事食

北島国造は、千家国造とともに出雲大社の司祭者であったから、偶数月は出雲大社の神事を主宰した。ここでは、十二月二十七日の「宮の井まつり」と大晦日の「御釜神事」を事例に、神事と直会の関係について述べることにする。

### （１）「宮の井まつり」と直会

十二月二十七日の宵になると「宮の井まつり」がある。今日の御饌井《みけい》祭と呼ばれる祭りである。御饌井とは、現在の拝殿の西側にある井戸のことで、神饌を炊く水を汲む神事である。今日では朝方に行われるが当時は、宵に行われていたことがわかる。井戸の西側に畳を一枚敷き、台上に榊と灯火を置き、別火氏（上官）が米と酒の土器を供えて、祝詞を上げる。次に国造が榊をもって榊舞を三番舞うことになっていた。今日は榊舞を三十番舞うが、当時は三番であったようである。

その後、庁の舎に移り、畳を一畳敷いて国造の座とし、その前に饗膳二膳に白搗きの杉もり飯、烏賊《いか》一枚、大根一本、楕円形の餅八〇枚を据える。それから本殿に向かって御幣をもち、今度は国造が祝詞をあげ、再び三番の榊舞がある。

これが終ると、直会となる。直会では、酒と肴が出る。酒は三献で初めの一献は「御しゅかめのさけ」が出る。「御しゅかめのさけ」とは、醴酒《ひとよざけ》のことではないかと考えられている。あとの二献は「にこりさけ」が出る。「にこりさけ」とは、濁《にご》り酒つまり「どぶろく」のことと思われる。肴は、ゆで芋三つと大根の酢の物と豆が出る。ゆで芋とは里芋のことであろう。

これをみると、「宮の井まつり」の神事は宵闇に御饌井の西側と庁の舎で、二度に亘って行われたことがわかる。御饌井の井戸での祝詞は別火氏があげ、庁の舎に移ってから本殿に向けて行う祝詞は国造があげた。庁の舎では、引き続き直会ということになるが、直会は神と人とがあらためて良縁を結ぶ「盃ごと」であるので儀礼的に粛々と行われた。そのために出された熟饌も、ゆで芋三個と大根の酢の物、豆といたって簡素なものであった。

（2）「御釜の神事」と直会

大晦日の宵に、「御釜の神事」が執り行われる。「御釜の神事」とは釜社のまつりのことと考えられている。

神事は釜の前に畳二畳、莚二枚を敷き、幣を立て三ヶ所に紙を敷き、土器を置いて米を供え、祝詞がある。酒も供えられたと思われる。

その後に直会がある。別火氏はまず釜の上の醴酒をいただき、飲み干すと、「かわらけわり」といってその土器を割ってしまう。それが終ると、昆布・栗の膳が出て醴酒で一献、その後に芋の吸い物・大根のなます・雑煮が入った膳が出て一献し、三献が終る。この神事についても直会は「三献」で行われるが、「かわらけわり」という珍しい行為があるほかは、いたって簡素であったことがわかる。

北島家の担当月である「宮の井まつり」と「御釜の神事」の神事と直会についてみてきたが、毎年恒例の神事・直会であるためか、それぞれ手順が決まっており、粛々と行われていたように思われる。ただ両神事ともに別火氏が関わっていたことが特色である。

## 3　国造家独自の行事と御家中衆等への行事食

北島国造家の様々な年中行事には、親類衆をはじめとして多くの御家中衆が関わっていた。国造家でも彼らに種々の場面で飲食を振舞った。次の①〜⑧は、それぞれの年中行事に関わった御親類衆・御家中衆に国造家がどのような振舞いをしたかを、『次第』から抜き出したものである。

①元旦に国造が出雲大社、命主社に参拝を終え帰館した後、上官以下、配下の社人が出仕する。まず垸飯の振舞いがあり、豆腐の吸い物で一献したあと、国造の酌で一人ひとりが酌を受ける。近習衆には正月三日間は、雑煮が出る。

②二月は北島国造家の担当月である。一日に国造が御家中衆を従えて下殿すると、国造邸で垸飯の式がある。神魂神社及び長泉寺の名代も出席した。各々には豆の子餅が出た。その後酒宴があり、まず一献して垸飯が出、国造の酌で、二献目があった。

③五月四日に翌日の節句に供えて、御家中衆・近習衆が粽《ちまき》づくりをする。すべての粽を結び終わってから、「つくねめし」（握り飯）が出る。その後、肴と酒が出る。

④五月五日の節句には御家来衆が「鈴」や「樽」「肴」を持って出頭する。それぞれに粽二つと酒が出る。

⑤七月四日の夜に身逃げ神事があり、御家中衆・近習衆が出仕して掃除を行う。掃除が済むと、皆に飯と酒が出る。

⑥八月一日は北島家の担当月である。国造の出雲大社奉仕の帰館後、上官たちに垸飯の振舞いがある。また、各々には「豆の子餅」二つが配られる。

⑦九月九日は重陽の節句である。垸飯がある。親類衆が素襖袴の正装で出仕し、献上品を披露。その後、小豆飯が出た後、酒が出てお開きになる。

⑧十一月一日に「新嘗会」に参加する人数が発表される。千家・北島両国造は、十一月丑の日に数十人の被官・近習・医者・中間等を従えて杵築を出立するが、留守の人々には昼食が出、同夜は小豆粥が作られ、奏楽がある。

これまで①~⑧までの八つの事例を提示したが、それぞれの行事に関わった親類衆・御家中衆には、国造家から何らかの飲食が提供された。いまこれを食事儀礼及び料理を中心に抜き出せば、次のようになる。

①元日（年始）………垸飯茶碗、豆腐の吸い物、雑煮

②二月一日（担当月初め）…垸飯茶碗、豆の子餅、酒

③五月四日（端午の節句準備）……つくね飯（握り飯）、酒

④五月五日（端午の節句）……粽（ちまき）、山の芋、飯、酒

⑤七月四日（身逃げ神事準備）……飯、酒

⑥八月一日（担当月初め）……垸飯、豆の子餅

⑦九月九日（重陽の節句）……垸飯、小豆飯、酒

⑧十一月一日（新嘗会参加者発表）…小豆粥

ここで多いのは垸飯である。先ほどにも述べたが、垸飯とは饗応の食膳の一つで、椀に盛りつけた姫飯《ひめいい》に副食物を添え、盃酒を加えたものである。平安時代には公家の食事儀礼であったが、やがて武家がこれを受継ぎ、接待食として発達した。室町時代になると、副食が豊かになるにつれて、二の膳、三の膳と増えていった。しかし、北島国造家の垸飯は、他の料理・食材から推測すると、椀に盛った飯と簡単な副食と酒がつくという程度であったと推測する。国造家にとって、膳一つにまとめた料理は、多くの御家中衆や親類衆一同に出す食事としては簡便だったからと思われる。

今一つ指摘したいのは、「豆」に関わる料理がかなり

あることである。豆腐の吸い物については後で説明するが、豆の子餅、小豆飯、小豆粥が食されていることである。豆の子餅は大豆を入れた餅のことと思われる。このころには、当地域ではすでに大豆の栽培が行われたようであるが、史料的にはこれを見い出せない。また、小豆飯、小豆粥が食されていることである。小豆の赤い色は、邪気を払い、厄除けの力をもつと信じられていたから、祝い事などの行事に小豆飯や小豆粥が炊かれたようである。

## おわりに ―行事食からみた中世の「食」文化―

これまで、北島国造家方上官の稲岡孝忠の年中行事覚書である『次第』を素材に、出雲国造北島家の年中行事と行事食について考えてきた。その結果、多くの年中行事には飲食が伴い、しかも行事食はそれぞれ異なっていることがわかった。また、行事食といっても、いずれも精進料理であり、肉類は使用されてはいなかった。魚介類や肉類をふんだんに用いた戦国武将の接待料理とは著しく異なることを確認しておきたい。

最後に北島国造家の行事食全般を俯瞰《ふかん》し、中世の「食」文化という観点から、その特色についてまとめておきたい。次ページに掲げた表は、飲食を伴う行事に限って、飲食儀礼と料理・食材を一覧表にまとめたものである。

まず特色の一つは、飲食儀礼で「三献」を伴う行事食とそうでない行事食がみられることである。「三献」を伴う行事食は、接待行事（年始・鰐淵寺僧来訪）と出雲大社神事（宮の井まつり・御釜神事）だけである。これらの行事は、北島国造家にとって重要行事と認識されていたのであろう。とりわけ、鰐淵寺僧への接待は、稲岡孝忠が『次第』に接待の手順から提供する行事食の一品一品にいたるまで　細かく書き留めているところをみると、最重要な行事と認識されていたことがわかる。

その二は、前者と関連して鰐淵寺僧への接待と出雲大社の二つの神事（宮の井まつり、御釜神事）に提供される料理や食材が圧倒的に豊富なことである。ただ子細に検討すると、鰐淵寺僧には茶が出され、酒礼には昆布・黒豆・牛蒡・若和布・せり焼きなど民俗学的に意味のある料理が出されている。しかし、神事・直会には、餅と大根なます・雑煮・茹《ゆ》で芋（里芋）などその年に収穫した農作物の料理が出されたようである。

その三は、様々な吸物料理がみえることである。豆腐

**慶長３（1598）年における北島国造家の年中行事と「食」文化**

| | 月 | 日 | 年中行事 | 飲食儀礼 | 料理・食材 |
|---|---|---|---|---|---|
| ① | 1 | 1 | 年始（御家中衆） | 三献、埦飯茶碗 | 雑煮、豆腐の吸い物、酒 |
| ② | 1 | 2 | 年始（杵築：大土地村等） | | 御酒 |
| ③ | 1 | 3 | 年始（杵築：市庭・越峠） | | 雑煮、御酒、せりの吸い物（神宮寺より） |
| ④ | 1 | 4 | 年始（近在の寺院僧） | 三献 | 豆腐の吸い物、御酒 |
| ⑤ | 1 | 5 | 年始（遙堪村百姓、公文） | 三献、埦飯茶碗 | 豆腐の吸い物、酒 |
| ⑥ | 1 | 6 | 年始（鷺浦百姓、本願） | | 御酒 |
| ⑦ | 1 | 7 | 年始（朝山村鷺分百姓） | | 吸い物、御酒 |
| ⑧ | 1 | 20 | 鰐淵寺僧来訪 | 三献、供(饗)膳 | 茶之子、茶、酒、昆布、かなわり、黒豆、牛蒡、豆腐の吸い物、ゆで芋、若和布、けずり餅、せり焼き、こね、むらさき大根六角盛り |
| ⑨ | 2 | 1 | 月初めの出雲大社参拝 | 埦飯、埦飯茶碗 | 昆布、栗、柿、餅、豆の子餅、御酒、 |
| ⑩ | 3 | 3 | 三月会三番饗 | 饗膳 | 酒 |
| ⑪ | 4 | 8 | まつり | | にごり酒(濁酒)、かすなます、御酒 |
| ⑫ | 5 | 4 | 節句の準備 | | つくね飯（握り飯）、酒 |
| ⑬ | 5 | 5 | 節句 | | ちまき（粽）、やまのいも（山の芋）、酒 |
| ⑭ | 6 | 28 | 涼殿神事 | | 酒 |
| ⑮ | 7 | 4 | 身逃げ神事 | | 飯、酒 |
| ⑯ | 8 | 1 | 月初めの出雲大社参拝 | 埦飯 | 豆の子餅、酒 |
| ⑰ | 9 | 9 | 重陽の節句 | 埦飯 | 小豆飯、酒 |
| ⑱ | 11 | 1 | 新嘗会のお供の触れ | | 小豆粥 |
| ⑲ | 12 | 27 | 宮の井まつり（御饌井祭） | 三献、饗膳 | 御酒、杉もり飯、烏賊《いか》、大根、いぬのした餅、芋の子を茹でたもの、大根なます、豆、御しゅかめの酒（醴酒）、にごり酒（濁酒）、かぶ、いもかしら |
| ⑳ | 12 | 大晦日 | 御釜神事・酒作り | 三献 | 御しゅかめの酒（醴酒）、米、御酒、昆布、栗、よきさけ（よき酒）、芋の吸い物、大根なます、雑煮、酒 |

（『慶長３年杵築大社年中行事次第』（佐草家文書：大社町史古代中世史料編（下）より作成）

の吸い物・せりの吸い物・芋の吸い物が記載されている。ここで注目したいのは、豆腐の吸い物である。この豆腐の吸い物が出るのは、一月の年始客と鰐淵寺僧来訪の時だけである。豆腐が慶長三（一五九八）年あるいはそれ以前の時点で、すでに当地域で食されていたことには驚くが、来客用にのみ振舞われていた。ということは、まだ珍しい料理だったからなのであろう。しかも、これが冬場にのみ振舞われていたということは、夏場には保存のきかない食品であったからではないかと思われる。この豆腐が、『豆腐百珍』（天明二〈一七八二〉年に刊行）にみられるように、様々に加工され庶民にまで普及してくるのは、江戸中期以降まで待たねばならない。

　ところで、出雲地域の中世の「食」文化を研究するにあたって、様々な課題に直面した。さしあたって、次の二点をあげ締め括《くく》りとしたい。

　その一は、出雲地域の料理と食材に関する基礎的研究の蓄積が極めて乏しいことである。『次第』に料理名が記されているが、それがどのような料理なのかわからないものがかなりあった。例えば、十二月二十七日の宮の井まつりの神饌に「いぬのした餅」が供えられるが、これがどのような餅かよくわからないのである。後に、「犬の舌」餅、すなわち犬の舌のような楕円形をした平餅のことだろうと推測できたが、このような事例は他にも多々ある。まず料理や食材の名称の検討から、地道に取り組んでいく必要があろう。

　その二は、日本酒と酒宴の研究であろう。北島国造家の行事食には、そのほとんどで酒が提供されている。この史料にも「御酒」、「酒」、「にごり酒」、「御しゅかめのさけ」、「よき酒」と様々な名称で出てくるが、「御酒」と「酒」とは同じ意味なのか、また「御しゅかめのさけ」とはどのような酒なのか、さらに「にごり酒」とはどのような酒かなど、中世の史料的制約が阻まれてその違いを解明するには至らなかった。本稿では、「御しゅかめのさけ」は「醴酒《ひとよざけ》」、「にごりさけ」を濁酒《どぶろく》と強引に解釈して記述を進めたが、もう少し幅広く史料を収集する必要があったのでないかと危惧している。今後は、近世史料も駆使して幅広く考えていく必要があると思っている。

**【参考・引用文献】**

平井直房『出雲国造火継神事の研究』（大明堂）平成元年

大社町史編集委員会編『大社町史（通史編上）』（大社町）平成三年

大社町史編集委員会編『大社町史（通史編中）』（出雲市）平成二十年

大社町史編集委員会編『大社町史（史料編古代中世下）』（大社町）平成九年

「酒学事始」編集委員会『読む・知る・酔う〜しまねの酒』（《株》プロジェクト）平成四年

渡辺実『日本食生活史』（吉川弘文館）昭和三十九年

熊倉功夫『日本料理の歴史』（吉川弘文館）平成十九年

江原絢子・石川尚子・東四柳祥子『日本食物史』（吉川弘文館）平成二十一年

原田信男『日本の食はどう変わってきたか』（角川書店）平成二十五年

神崎宣武『まつりの食文化』（角川書店）平成十七年

吉田　元『ものと人間の文化史一七二　酒』（法政大学出版局）平成二十七年

倉林正次『祭りの構造―饗宴と神事―』（ＮＨＫブックス）昭和五十年

神崎宣武『酒の日本文化』（角川ソフィア文庫）平成十八年

# 第3章

# 予祝・神迎えの神事と芸能

# 日御碕の和布刈神事の周辺

内田律雄

和布刈神事は、現在、島根県日御碕神社・山口県住吉神社・福岡県早鞆神社にみられる。それらは『古事記』、『日本書紀』に基づく古い起源譚を持っている。また、飛鳥藤原京や平城京からは日本各地からワカメの貢納木簡が出土している。本稿では日御碕神社の和布刈神事と『出雲国風土記』や木簡等を検討することによって、この神事が古代漁村において広く行われていたことを推定した。

**うちだ・りつお**
一九五一年松江生。日本大学法学部政治経済学科卒業。青山学院大学文学部史学科（考古学専攻）卒業。熊本大学博士（学術）。海洋考古学会代表。
【編著書・論文等】
『出雲国造の祭祀とその世界』大社文化事業団（一九九八）、『古代日本海の漁撈民』同成社（二〇〇九）、『発掘された出雲国風土記の世界』ハーベスト出版（二〇一七）

## はじめに

和布刈《めかり》神事は現在日本で三ヶ所の神社で行われている。福岡県早鞆神社、山口県住吉神社、島根県日御碕神社の三社である。和布刈の和布は「メ」でワカメのこと、刈は「カリ」と読んで刈り取る、つまり収穫の意味である。従ってワカメは「メ」ともいうことが知られるが、ワカメとは若芽という意味であろうから、和布刈神事はワカメが柔らかいうちに刈り取り、神にワカメの初物を奉げる神事である。和には「やわらぎ・やわらぐ」という「若い」に共通する意味があるので、「和布」は柔らかい布にたとえた用字と思われる。

ワカメには、平城京出土木簡や『延喜式』では、軍布、和海藻、若海藻、穉海藻、稚海藻、海藻などの表記例がある。これによって古代には和・若・穉・稚はいずれも同じ意味で使用されていたことがわかる。平城京の前段階の飛鳥藤原京では、軍布、爾支軍布、忍軍布、和軍布などと表記された木簡が出土する。このうちの「爾支」は「ニギ」、「軍布」を「メ」と読ませている。和・

若・穉・稚も「ニギ」と読ませたのだろう。そればかりか、「ニギメ」は海藻とも表記した。但し「ニギメ」という呼び名は中世には消えてしまったらしい。また、軍布はどう考えても「メ」や「ニギメ」とは読むことのできないワカメの古い表記であるが、これには少し複雑な歴史的事情があるようだ。軍布はコンブに近い音である。宮下章『海藻』によれば、昆布は綸布《くわんぶ》が訛り、綸はもともとワカメを含めた海藻類をコンブと云ったらしい軍と音が同じなので軍布とも書かれたという。さらに(宮下一九七四)。その後コンブは昆布として北海道名産品として広く知られるようになった。

## 一　日御碕神社の和布刈神事

島根県の日御碕神社は、『出雲国風土記』出雲郡条記載の美佐伎社、『延喜式』記載の同郡の御碕神社に比定されている。和布刈神事は、社伝によれば、成務天皇六年正月五日の早朝、一羽のウミネコがまだ潮の滴るワカメをくわえて飛んできて神社の欄干にかけること三度に及び、それで人々はワカメを初めて知ったというのが起源譚である。日御碕神社はもとは経島にあって和布刈神事が行われていたと伝えられている。現在は御崎地区の裏手にある宇竜港にある権現島で行われている。神事の島が変わったのは中世からで、正月は海が荒れることが多く、比較的穏やかな宇竜港になったという(図1)。

記紀や風土記にはこの和布刈神事の起源譚はみえない。しかしながら、『日本書紀』では成務天皇の即位したのは元年の正月五日と記されており、この日に合わせたのではないかとのご教示をいただいたことがある[1]。この地方何故、成務天皇の時代なのかはわからないが、の海人とヤマト王権との間に海藻類の貢納関係が成立したのがそのころであるという古い伝承があったかもしれない。現在日御碕にある経島はウミネコの繁殖地となっている。成務天皇の時代にワカメを咥えてきたというウミネコはこの島のそれに相違ない。旧暦正月五日と云えば日御碕の経島に帰って来たウミネコが最も賑やかなころだ。和布刈神事が終わるとその年のワカメの収穫の解禁となる。自然の暦と関係し、ウミネコは神の使いでもあり、神の化身としても考えられていたのではなかろうか。神事の行程を簡単に示せば、日御碕神社の神官が船で権現島に渡り、岩礁の上から箱メガネで海中を覗き長い柄のついたメカリ鎌でワカメを刈り取り、三宝に乗せ

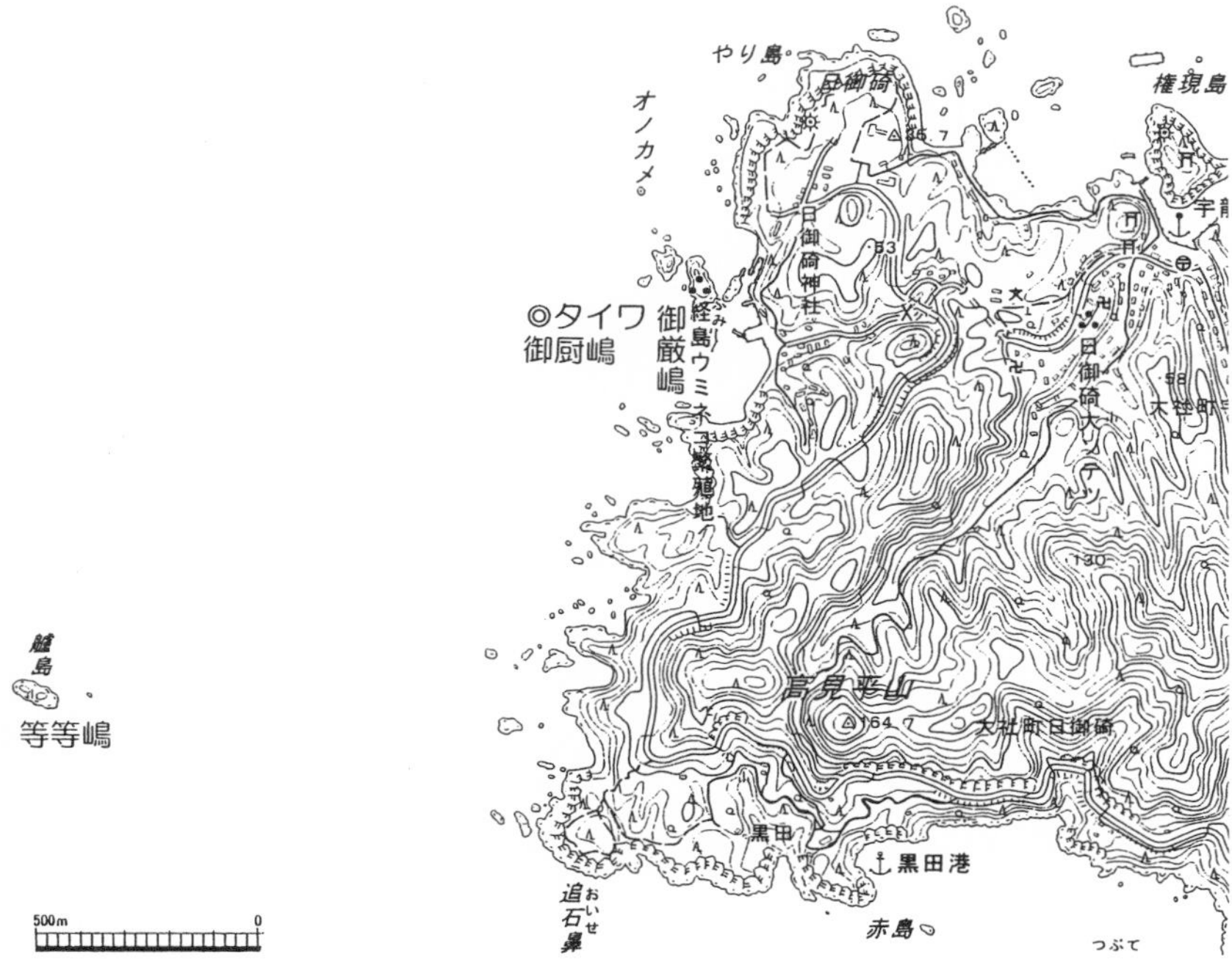


図１　御前濱の景観と嶋の比定

写真１　日御碕神社の和布刈神事（ミサキどっとCome提供）

て神前に供えるというものである（写真1）。この所作は現在も行われているカナギ漁に共通している。カナギ漁とは沿岸において小舟を操りながら、箱メガネで海中を覗き、竹製の長い柄を付けた、カマ、ヤス、モリ、アワビオコシ、タモと云った漁撈具《ぎょろうぐ》を使い海藻や魚介類を獲る漁法である。これらの漁撈具を総称してホコと云っている。箱メガネがない時代には水面に油を吹きかけて、一時的に海面が凪いだ瞬間に海底を見極め捕獲した。舟は神の祀られている島に渡るばかりでなく、日常的に使われるホコと同様に漁撈具の一つである。成務天皇の時代とされる和布刈神事の起源譚を重視すれば、神事の行程の中にもともとウミネコが何らかのかたちで登場していたと推定される。

## 二　早鞆の瀬戸の和布刈神事

また、和布刈神事が行われるもう一つの地域は、源平合戦の壇ノ浦、つまり早鞆の瀬戸である。この瀬戸をはさんで山口県の住吉神社と福岡県の早鞆神社が対峙している。両神社の神事は、記紀にみえる神功皇后の、いわゆる三韓征伐を助けた功績にちなんで始まったと伝えられている。住吉神社では住吉三神（表筒男神・中筒男神・底筒男神）の荒魂を祀り、元旦の未明に早鞆の瀬戸のワカメを刈って神前に供えたという。一方、対岸の早鞆神社では、皇后が三韓との戦いの最中に、献上された早鞆の瀬戸のワカメを食し軍務に耐え、帰国して無事に応神天皇を出産したことから、元旦の未明にワカメを刈り取る神事を命じたと伝える。両社とも元は非公開の神事であったが、早鞆神社は第二次世界大戦後に和布刈神社を別名として一般にも公開されるようになった。神事

写真２　早鞆神社の和布刈神事（1990年筆者撮影）

の内容は、神官が手に柄の短い鎌を持って膝ぐらいまで海につかりながらワカメを刈り、桶に入れていく（写真2）。両社はその起源譚や、神事の日時、ワカメを神官が鎌で刈るところなど共通している。そして、神事が終わるとワカメの収穫が始まるのは島根の日御碕神社と同じである。三社の和布刈神事に共通するのはその年のワカメ刈りの解禁ということである。但し、日御碕と早鞆の瀬戸とでは、後者のほうがよりヤマト王権との結びつきが強い起源譚を主張する。

## 三　日御碕と経島

島根県の日御碕神社周辺の古代の景観は天平五年に成立した『出雲国風土記』によって知ることができる。『出雲国風土記』出雲郡条の記載は次のようである。

a．御前《みさき》濱　廣さ一百廿歩。百姓《おほみたから》の家あり。
b．御嚴《みいつく》嶋　海藻《にぎめ》生《お》ふ。
c．御厨《みくりや》嶋　高さ四丈、周《めぐ》り廿歩。松あり。
d．等等《とど》嶋　貽貝・石花《せ》あり。
e．桎聞《しも》埼　高さ卅歩、廣さ卅二歩。松あり。

aの御前濱は現在日御碕神社のある御崎地区。百姓は漁民。従って御前濱は漁村であった。この漁村の湾の前に、b～dがあり、e．桎聞埼は現在日御碕の南方の追石鼻と考えていいだろう。これらに関係する風土記記載の神社は、

f．美佐伎《みさき》社（在神祇官）
g．御前《みさき》社（不在神祇官）
h．同《おなじき》御埼《みさき》社（不在神祇官）
i．百枝槐《ももえのゑにす》社（不在神祇官）

がある。このうちf．美佐伎《みさき》社は「在神祇官」とあるので、『延喜式』の御碕神社と考えてよい。

『出雲国風土記』は濱は漁村、浦は漁村と公の船が停泊する港湾として峻別している。現在は日御碕としているが、風土記の神社名では、美佐伎《みさき》・御前《みさき》・御埼《みさき》と複数の表記がある。享保二（一七一七）年編纂の『雲陽誌』神門郡（古代は出雲郡）条日御崎（村）には、f～iの社、及び日御碕神社の名はみえない。現在の日御碕神社に相当するのは、日沈宮《ひしずみのみや》として記載されている。この御崎地区をいつから何故に日御碕と呼ぶようになったのは定かではないが『雲陽誌』は次のように二説を記す。

まず、日御崎について、「世人御崎と書するは此所なり」とし、一般には「御崎」としていることを記す。

そして一つは、「名神記曰、當國大日孁貴産生之地而今又有日神垂跡也、故名日御崎、」とする『名神記』なる書物から引き、さらに「舊記に曰く伊弉諾尊伊弉册尊爰におひて日神を生たまふ、大日孁貴と號したてまつる日神垂跡の地なり故に日御崎といふ、」と説明をしている。つまり、大日孁貴＝アマテラスがこの御崎に顕れたと云う伝説に関連させる。いま一つは、「天暦の帝深此宮を崇、日の字を加たまふ、故に日御埼と號す、」として、村上天皇が日沈宮を深く信仰し「日」の字を付けたとも記す。

いずれにせよ、時期は不明であるがアマテラスが『延喜式』の御碕神社に祀られたことによって、「御崎」が「日御碕」とも呼ばれるようになったのだろう。現在では、「御碕」は日御碕神社前の宮前・恵比寿・灯台を、「日御碕」はこれらに宇竜・中山を加えた広い範囲を示し、「ミサキ」は重複して用いられているのも参考になろう。

以下、近世の史料であるが、この『雲陽誌』の記述に沿うてさらに検討してみよう。

現在アマテラスを祀る本社を下社、スサノヲを祀る上社と云う社伝の配置を記しているので、このころから現在のような建物配置となっていたのであろう。これらの神社建築の他に薬師堂や三重塔など仏教建築も建立され、社殿内には掛仏がかけてあると記され、神仏習合が進んでいたことが窺われる。そして、経島に関しては、「出雲假名の超八萬巻の神蔵今の經島是なり、」としている。八萬巻を超える神蔵が経島であるというのは、島全体が柱状節理となっているのを経巻になぞらえているのは疑う余地がない。『雲陽誌』は、さらに「此島の上に影神社百枝の松とて神木あり、」ともしている。しかし、「日御崎」には

①日沈宮（略）
②月讀神社　月夜見尊を天一山にまつる、本社七尺四方なり、
③秘基神社　隠岡といふ垣あり社なし、
④蛭児神社　本社四尺に六尺、
⑤厳嶋神社　本社五尺に一間半
⑥曾能若媛神社
⑦百枝神社
⑧波知神社
⑨立虫神社
⑩大野神社

⑪八幡宮
⑫荒魂神社
⑬御井社
⑭眞野神社
⑮岐神社　猿田彦神なり、（略）

と、実に一五社に及ぶ神社を掲げており、『雲陽誌』の記載だけでは経島が、b～eのどの島や埼か、また、そこに①～⑮の神社が存在したのかどうかはわからない。①～⑮の神社のうち社殿の記載があるのは、①②④⑤⑮であり、③は社殿がないことを特記し、現在もない。⑥～⑭も社殿を持たないものが多かったと推定される。

この①～⑮の神社には『出雲国風土記』や『延喜式（式内社）』と共通する社名は見いだせない。但し、⑦百枝神社は『出雲国風土記』の百枝槐社に比定できるかもしれないが場所は特定できない。さらに、⑤厳嶋神社は、『出雲国風土記』に神社としてではないがb．御厳嶋とみえる島にあって、古代には社殿はなく島自体が信仰の対象となっていたと推定される[2]。御前濱に関係する島で、「海藻生《にぎめお》ふ。」としているのは御厳島のみであるので、古代に和布刈神事が行われていたとする現在の経島こそ、この御厳嶋であろう。

ところが、不思議なことに『雲陽誌』の宇竜や日御崎（当時は神門郡）には日沉宮の和布刈神事の記述が出てこない。『雲陽誌』の編纂もれか、写本の過程でその部分が欠落したのか不明である。和布刈神事がその当時どれだけ認識されていたのかという問題もある。当時の漁村にとってはあまりにも当たり前の風景だったということもありうる。こうしたことを考えるのには、古代に和布刈神事が行われていたであろう御厳島についてさらに検討をする必要があろう。

御厳島（経島）に関係して想起されるのは有名な広島県の宮島である。宮島は元は厳島でやはり島自体が信仰の対象であった。この宮島において五世紀を中心とする古墳時代の祭祀遺跡が発見されている（妹尾二〇一二）。宮島は島全体が大きな岩山ともいえ、それは、近年世界文化遺産に登録された福岡県宗像の沖ノ島に共通している。このような島を対象とした祭祀は日本の沿岸に数多く存在し、現在でも祭祀が行われているところがある。それらは多くの場合、厳島、御島、沖ノ島などと呼ばれ、小さな無人島である場合が多い。

## 四　島の祭祀

次に『出雲国風土記』の中から古代に和布刈神事のような祭礼が行われていたと思われるいくつかの例を示そう。

島根郡条御津浜は松江市島根町御津であるが、『出雲国風土記』には「御津《みつ》濱　廣さ二百八歩。百姓《おほみたから》の家あり。」とある。集落内の御津神社は『延喜式』の御津神社に比定される。この御津神社には四月十五日に沖合にある小島に舟で行き、島の海岸に打ち上げられた海藻を社に供える御島祭という祭礼が行われている。小島は「おじま」と呼ばれているが、『出雲国風土記』には三嶋として登場し、「海藻生《にぎめお》ふ。」とある。三嶋は御嶋であり、これをいつしか「おじま」と読んだことが小島となったと考えられる。また、この御津濱・三嶋は天禄三（九七二）年の蘆山寺文書に三津厨としてみえ、年料として海藻が貢進されている。御津濱の御津神社の旧社地はこの御嶋であったろう（内田二〇〇九）。さらに、秋鹿郡条の御嶋は「御嶋　高さ六丈、周り八十歩。松三株あり。」とある現在の松江市秋鹿町魚瀬の女島である。毎年四月十日、ここでは島の近くの海に潜って、石と海藻を女島に供える習俗がある。また、出雲市大社町鷺浦は出雲郡条鷺濱で「鷺濱　廣さ二百歩。」とある。鷺浦には式内社で杵築大社の同社大穴持伊那西波伎神社、『出雲国風土記』の企豆伎の一社に比定されている通称鷺大明神の伊《い》奈西波岐《なせはぎ》神社がある。毎年七月三十一日に湾の入口にある柏島の祭礼がある。柏島は『出雲国風土記』の脳嶋に比定されており、「脳嶋《なづき》　紫菜《むらさきのり》・海藻生《にぎめお》ふ。松・栢《かへ》あり。」とある。海藻類はみられないが柏島に向かい浜辺での祭儀が終わると漁船でこの島まで行き供物を奉納する。かつては紫菜や海藻を奉納していたのであろう。また、島根町三津浦の中の津古墳は径一〇メートルに満たない小規模な五世紀ごろの円墳であるが海藻との関係を彷彿とさせる遺物が出土している。木棺直葬の主体部から鉄製鎌一点が出土している。これは農工具ではなく漁撈具、つまり和布刈鎌とみなされる。古い時代からヤマト王権との間に海藻の貢納関係が成立し、そのことが平安期に御厨につながっていたことが考えられる（内田二〇〇九）。この和布刈鎌に関係することとして、興味深い民俗例がある。隠岐の西ノ島町別府の海神社である。『延喜式』隠岐国知夫郡の海神社二座に比定されている。ここでは昭和四十年代ごろまでは、初詣の時に竹の枝わかれの部分を利用して鎌に見立て、これに海藻を掛けて海神社に奉納したという。ここに和布刈神事の古い形態が求められよう。古代の隠岐国も『延喜式』では海藻や紫菜の貢納国となっており、飛鳥藤原京・平城京からは多くの海藻に付けられた荷札木簡が出土している。

このような視点で改めて『延喜式』の神社名をみると、全国の沿岸部に海神社や売布神社が散見される（図２）。例えば、松江市和多見町の売布神社は『出雲国風土記』の売布社、『延喜式』の売布神社に比定されているが、十月十日の御饗祭では『古事記』の国譲り神話に因んで宍道湖や大橋川で獲れたスズキ（鱸）を奉納している。しかし、社名は同じ国譲り神話の「海布《め》の柄《から》を鎌《か》りて、燧臼《ひきりうす》に作り、海蓴《こも》の柄《から》を以《も》ちて燧杵《ひきりきね》に作りて、」という記述によるものであろう。海布は海藻のことである。但馬国気多郡の賣布神社のように必ずしも海藻に関係した神社であるとは限らないが（内田二〇一四）、その多くは和布刈神事のような共通した祭祀があったことを推定させる。

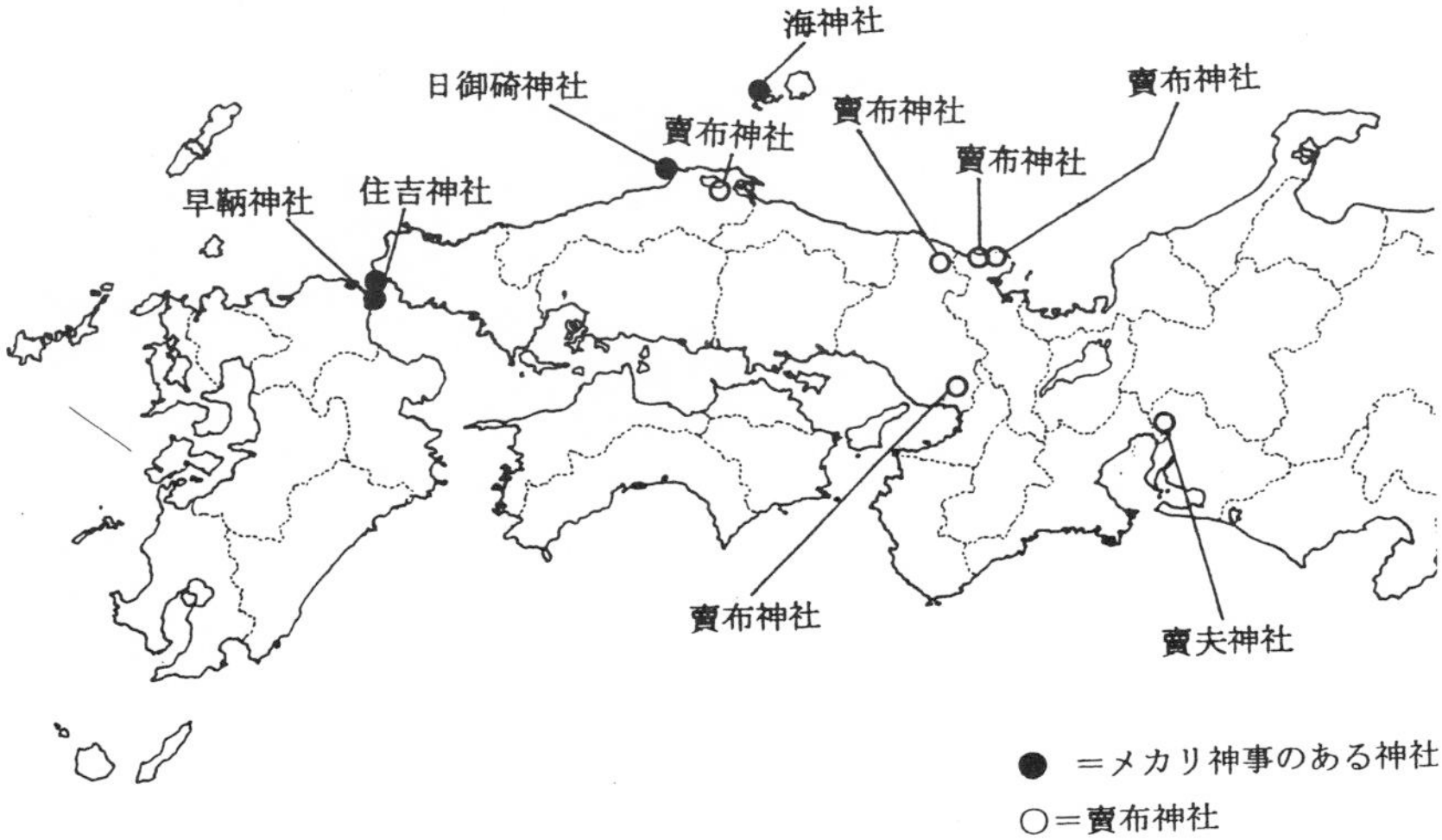


図２　売布神社の分布（内田2009より）

## 五　御厨嶋のこと

ところで、前掲の御前濱に関係する嶋b～dの内、b．御厨嶋＝経島、d．等等嶋＝艫島とするとc．御厨嶋に比定するのに相応しい島が見当たらない。高さと周囲の長さが記されているので陸続きの岩礁ではなく、それなりに目立つ島であるはずだ。このことに関連して地元では次のような伝承がある。御碕の浜から約五〇〇メートルの海中に「タイワ」と云う瀬があり、それは元は島であったのが地震で海中に没したという。そればかりか、現在、経島では八月七日の夕方に日御碕神社の神官による「夕日の祭り」が行われているのであるが、元はその「タイワ」でこの祭祀を行っていたというものである。確かに日御碕神社を日沈宮とも云うことと、祭神がアマテラスであることとは関係があるように思われる。「タイワ」は水深四メートルと浅く、頂部は平坦で魚介類が豊富な海中の瀬である。出雲地方の古代の地震は『日本三代実録』に記す元慶四（八八〇）年十月に起こったいわゆる出雲地震があり、「今月一四日、地大震《ちだいしん》動《どう》し、境内の神社佛寺官舎、及び百姓《ひゃくせい》の居蘆《きょろ》、或は顚倒し或は傾倚《けいい》し、損傷せし者衆《おほ》し。其の後廿二日迄《まで》、晝は一二度、夜は三四度、微々震動して、猶未《なほいま》だ休止せず」と出雲国から報告しており（武田・佐藤一九八六）、被害が相当大きかったことが知られる。御厨嶋はこの地震によって水中に没した可能性はないだろうか。

また、御厨嶋の「御厨」は天皇への供御に関連する名称であり、古代の民間人が付けるような島の名称ではない。加藤義成『出雲国風土記参究』は「日御碕浜西方にあるうまや島で、大前島ともいう。高さは一二米、周囲は三六米にあたる。今も松があり、潜戸になっていて船で通過できる。名義から察するに、上古この島で神に奉る食物を調理するようなことがあったのであろう。」とするが（加藤一九六二）、現状は舟が通れる潜戸はあるけれども、関和彦が指摘するように小さな岬となっており風土記の記述に合わない（関二〇〇六）。関は加藤がウマヤ島の別名を大前島と云うことに関して、後藤蔵四郎の『出雲国風土記注解』に「今、ウマヤ島又大前島といふ。日御碕濱の南にある。島に潜戸があって、船で通り抜けることが出来る」と云う記述に拠ったとし、後藤はウマヤ島と大前島は別の島としているのを、大前島はウマヤ島の別名と加藤が勘違いしたとしている。しかし、後藤は『出雲風土記考證』では、「今、ウマヤ島、又は大前島といふ。日御碕濱の南にある島であつて今も松がある、島に潜戸がありて、船で通られる。」ともしている（後藤一九三二）。この後藤の記述を読む限り、どちらにも解釈できる。関はウマヤ島と大前島を別の島と考え、御厨嶋を大前島に比定するが根拠に乏しい。重要なのは日御碕に御厨嶋に相当すべき島が現状では見当たらないということである。

御厨といえば普通は、天皇家、伊勢神宮や上賀茂・下鴨神社などの所領のことであり、魚介類を贄として貢納した。今のところ中世の伊勢神宮の諸国領地を記した『神鳳鈔』等の史料上には出雲の御厨は見いだせない。しかし、『延喜式』ではいくつかの国名を冠したアワビが神饌としてみえる。東鰒を除けば隠岐鰒が最も多く、出雲鰒は内膳司の五月五日の節会に、二斤五両が、東鰒、隠岐鰒、長門鰒、阿波鰒と共に規定されている。『出雲国風土記』にはアマテラスや伊勢神宮のことは出てこないが『出雲国風土記』と同年代の公文書の授受を記録した天平五年『出雲国計会帳』には、八月十九日付で三〇個の真珠が進上されている（平川一九八四）。それは、上・中・下がそれぞれ一〇個・五個・一五個と品質管理（重量か）されたものであった。但し、『延喜式』にはみえないので、例えば税制度の整理や、その他何らかの理由でその後の記録に残らなかったか、調庸物や贄のかたち以外で貢納されていたかであろう。古代の真珠はアワビやアコヤガイにできる天然真珠であるが、伊豆国田方郡の式内社に「鮑玉白珠比咩命神社」があるように白珠（白玉）とも表記された。伊勢神宮の式年遷宮には御白珠がみえ、『皇大神宮儀式帳』にも八一個が記録されている（矢野一九八九）。『出雲国風土記』は出雲郡の海産物を「（略）鮑《あわび》は出雲郡尤《もと》も優《まさ》れり。捕《と》る者《もの》は、謂《い》はゆる御崎《みさき》の海子《あま》、是《これ》なり。」とし、御崎のアワビとそれを捕獲する海人のことを特筆している。アワビは海草類を餌としているので両者は相関関係にあった。伊勢神宮の起源は必ずしもはっきりしないが、後に何故、美佐伎社を日沈宮としてアマテラスという天皇の祖先神を祀らねばならなかったのかという理由の候補の一つに、風土記以前に伊勢神宮の御厨としてアワビやアワビ真珠を貢納していた歴史的事情があったことを想定することはできないだろうか。そして、日が沈むかなたには新羅や唐があるのが気になるところである。

## 六　和布刈神事の起源

以上のようなことを念頭に置きながら改めて古代の御前濱をはじめ濱・浦の景観を思い浮かべると、数多くある島々の中で、『出雲国風土記』が百姓之家のある御前濱の次に、御厳島（海藻）、その次に御厨嶋（アワビ）を選んで順に記しているのは、令制以前からの百姓（漁撈民）の生業活動と密接な関係があったことが知られる。

そこには、濱（浦）＝小共同体の神に豊穣を祈り、贄のかたちで海産物を奉納していたのを、ヤマト王権や律令国家は御贄や調などの税制度に組み入れていったという過程があった。したがって在地の神々を記紀の神話・歴史体系の中に取り入れる必要があったのである。そこに神祇官社（式内社）の意味がある。しかし、古代国家が崩壊する過程で多くの神社は社名も場所もわからなくなっていく。そのことは多くの濱・浦は一面で令制以前のありかたに還っていったといえよう。日御碕神社、住吉神社、早鞆神社（和布刈神社）等は中世以降も有力な武士の庇護を受けた神社で、和布刈神事は時代とともに整備されていったものが今日残っていると考えられる。

海藻類を調庸物として貢納していた古代の濱・浦には和布刈神事がその共同体の祭りとして広く存在したと推定されよう。海藻類はアワビやサザエの餌であり、和布刈神事は、一人ワカメのみでなく、ワカメの豊漁祈願はアワビの豊漁をも確約する、古代漁村におけるワカメの初穂儀礼であった。

## おわりに

本稿は平成三十（二〇一八）年十月十三日、いづも財団公開講座『出雲の祭りと地域文化』において「豊漁の神を迎える和布刈り神事」（会場：島根県立古代出雲歴史博物館）と題して行った講演記録の一部である。活字化にあたっては、伊藤実、久保田一郎、新井秀規、岡本哲夫、高木渉、関和彦、井谷朋子、妹尾周三の各氏からご協力をいただいた。記して感謝する次第である。

**【注】**

1　関和彦氏のご指摘による。『日本書紀』稚足彦天皇（成務天皇）条には、「元年《はじめのとし》の春正月《はるむつき》の甲申《きのえさる》の朔《ついたち》戊子《つちのえねのひ(五日)》に、皇太子《ひつぎのみこ》、即位《あまつひつぎしろしめ》す。」（日本古典文学大系）とある。このように古典と一致するのは、多くの場合、国学が盛んになる近世になって以降のことと思われる。

2　但し、『出雲国風土記』や『延喜式』にはみえないが、広島県の厳島神社と無関係であればという条件付きである。

【引用参考文献】

内田律雄　二〇〇九「古代島根半島の漁撈民」『古代日本海の漁撈民』同成社
内田律雄　二〇一四「祢布ヶ森と売布神社」『但馬国府・国分寺館年報』第八号　豊岡市教育委員会　但馬国府・国分寺館
加藤義成　一九六二改訂増補新版『出雲国風土記参究』原書房
倉野憲司・武田祐吉　一九九一『古事記・祝詞』日本古典文学大系一
後藤蔵四郎　一九三二『出雲風土記考證』
黒沢直尚　一七一七『雲陽誌』（『大日本地誌体系』27 一九七一を使用）
島根県神社庁　一九八一『神国島根』
関　和彦　二〇〇六『出雲国風土記註論』明石書房
妹尾周三　二〇一二「安芸、厳島における新発見の祭祀遺跡」『MUSEUM』六三九
『神鳳鈔』群書類従第一輯（神祇部）続群書類従完成会（一九七二）訂正三版
武田祐吉・佐藤謙三　一九八六『訓読　日本三代実録』臨川書店
平川　南　一九八四「出雲国計会帳・解部の復原」『国立歴史民俗博物館研究報告』第三集　国立歴史民族学博物館
宮下　章　一九七四『海藻』法政大学出版局
矢野憲一　一九八九『鮑』法政大学出版局

# 神楽における神迎え

石山祥子

神楽と呼ばれる芸能は、神が降り来る場所を意味する「神座《かむくら》」をその語源とするように、舞所に神を迎えることを一つの目的としている。出雲地方の場合には、儀式舞である「七座神事」の中に〈勧請〉と呼ばれる演目があるが、内容の異なる二種類の〈勧請〉が伝承されていることが明らかにされている。ここでは、それぞれの〈勧請〉を比較しながら、出雲地方の神楽において神々がどのように迎えられてきたのかを検討する。

**いしやま・さちこ**
昭和五十五（一九八〇）年、大阪府生まれ。大阪大学大学院博士後期課程修了。福井県立若狭歴史博物館を経て、現在は島根県古代文化センター主任研究員。専門は民俗学。
【編著書・論文等】
「山口県阿武郡北東部の石見神楽台本について」（『山陰民俗研究』17号、山陰民俗学会、二〇一二年）、「調査報告　山口県阿武郡北東部の「石州舞」について」（『古代文化研究』19号、二〇一一年）等

## はじめに

「正月さん」と呼ばれる童唄が、日本各地に伝わっている。「もういくつねるとお正月」で始まる唱歌「お正月」（作詞：東くめ、作曲：滝廉太郎）は、新年を待ちわびる子供の心情が歌われるが、「正月さん」で歌われるのは、正月をもたらす神の姿形である。地域ごとに異同はあるものの、歌詞の構成は似ていて、正月に訪れる神が今どこまで来ているのか、どのような格好をして、何をしながら来るのかといったことが主に歌われる。とくに、どこから来るかという点については、具体的な地名や目印となる場所が登場する例もあり、興味深い。島根県内でも出雲や隠岐地域で同様の唄が報告されているので、いくつか紹介しておく。

**松江市美保関町森山**

正月さんは　どこまでござった　大橋の下までござった　栗の木の箸に団子をさしてござった（島根県教育委員会編『出雲中海沿岸地域の民俗』、島根県教育委員会、

一九七一年、二一〇頁）

**出雲市湖陵町大池・清水**

正月っつあん　正月っつあん　どこからござりゃ　三瓶の山から　とうふの下駄履いて　線香の杖ついて　カッポロ　カッポロ　おいでます（田中瑩一編『島根県簸川郡湖陵町民話集』、島根大学国語教育研究室、一九九七年、一一〇頁）

**隠岐郡隠岐の島町福浦**

正月さん　正月さん　どこまで行かしゃるの　バンド山の腰まで　土産は何だの　シイや　カヤや　カチグリや（島根県民話研究会編『五箇村の民話』、島根民話研究会、一九八七年、八一頁）

どことなくユーモラスで、親しみ深い正月さんの姿が、これらの歌詞から想像できないだろうか。この正月に訪れる神を家の中に迎えるため、家々では年末に家の中を清浄にし、玄関や家の周囲にしめ縄を張り、正月飾りを飾って準備をする。

正月飾りは単なる新年を祝う装飾ではない。正月の間に神を迎え、もてなすための設えであり、神が留まっている間の目印としての役割も果たす。家の中に迎え入れられた神は、しばらくそこに留まるが、小正月のとんど行事等によって送り出される。

こうした正月飾りのように、神が降り来る場所を「神《かむ》座《くら》」と呼び、この語を「神楽」の語源とする説は、よく知られている。「座」は倉、蔵、鞍とも通じ、いずれも「物等を安置する場所」という意味合いを持つ言葉である。

旧暦十月を出雲地方では神在月と呼び、この季節に全国の神々が出雲に集うという伝承は、あまりにも有名である。全国的には出雲大社（出雲市大社町）の神在祭が現在では知られているが、出雲では佐太神社（松江市鹿島町）など、一〇の神社で同様の神事が行われている。

神在の時期は歌舞音曲や大工仕事、裁縫等を慎み、できるだけ静かに生活を送る風習が今も残る。神々を迎える側として、その気配や存在を身近に感じながら生活してきた、出雲の人々の神に対するふるまい方の一端が、そこには現れているといえよう。

このように、「正月さん」の歌や出雲の神集いは、その前提として、神々は移動するもの（去来）として捉えられている一方で、日頃から神社や祠などに参拝する習慣もあり、この場合には、神が常に同じ場所に留まっている（常在）という認識が背後にあることになる。つまり、神々に対して、去来と常在という相反する二つの捉え方が、長らく併存してきたことになる。

さて、今回取り上げる「神迎え」については、すでに多くの研究者によって定義されているが、ここでは、「神事に先立って、祭神を迎えるための行事」と簡単に定義しておく。神迎えには、最後に神を送り出す手続きである「神送り」が必ず行われる。したがって、「神迎え」という神事や祭礼は、去来する神に対して行われてきた行事であるといえよう。

特定の時や場所に神々を迎え祀る「神迎え」の神事や祭礼行事は、島根県内外を問わず広く見られるが、今回は、その中から島根県内、特に出雲地方の神楽にみられる「神迎え」の神事に着目したい。

## 一　出雲神楽における「神迎え」の神事

### （一）島根県内の神楽について

島根県内には、出雲、石見、隠岐それぞれの旧国（地方）名を冠した神楽が伝承されている。神楽に分類される芸能は、北は北海道、南は九州まで全国各地に分布しているが、約二五〇の団体が活動している島根県は、全国的に見ても神楽が盛んな地域の一つに数えられる。

江戸時代まで、神楽の担い手は各地の神社に属する神職や巫女だった。明治時代に、いわゆる神職演舞禁止令が出されて以降、その担い手は氏子など一般の人々に移行したが、出雲地方では、大原神職神楽や奥飯石神職神楽のように、神職のみで組織されている団体もわずかながら存在し、神職と一般の人々が合同で活動している団体も存在する。

全国各地に数多く分布する神楽を整理・分類することはきわめて難しいが、いくつかの分類方法がこれまでに研究者により提示されてきた。例えば、近年、山路興造氏により提起された、神座として何を設定するのかという基準に沿って分類すれば、①巫女神楽、②獅子神楽、③採物《とりもの》神楽の三種類に分けられる（山路興造「神楽とは何か」『民俗芸能研究』五八号、民俗芸能学会、二〇一五年、四頁）。

島根県を含む中国地方の神楽は、③採物神楽に分類される事例が多い。「採物」とは、幣や剣、茣蓙など、舞い手が手にするものを指す。採物は単なる小道具ではなく、神が降りてくる場所、すなわち、神座と考えられている。

採物神楽は神事的要素が強く、面を付けずに舞う「儀式舞（採物舞、神事舞とも）」と、神話や伝説などを題材とし、演者がそれぞれ面を付けて神や鬼等の役に扮して舞う「神楽能（能舞とも）」の二種類に分類され、島根県内で伝承されている神楽も、儀式舞と神楽能の両方を保持する。

神事的な意味合いが強い儀式舞とは異なり、神楽能は神事や祭典が終わった後の余興と位置付けられる。中国地方の神楽は概して、鬼や大蛇等が登場する神楽能が非常に発達しているため、「神楽」というと神楽能の方をイメージする人も少なくない。神事性と娯楽性をあわせ持つ採物神楽が濃密に分布するのが、現代における中国地方の神楽の特色であるが、もともとは様々な目的のもと、神事として神楽が行われていたことが、各地に残る史料等から明らかにされている。

例えば、出雲地方の大原神職神楽や石見地方の大元神楽のように、「託台《たくだい》」や「託太夫《たくだゆう》」と呼ばれる人物に神を降ろし、神の言葉を聞くことを目的とする神懸かり託《たく》宣《せん》の神事や、死者の霊を慰めることを目的として、隠岐地方で明治初期まで行われていた葬祭神楽などであるが、こうした神事をともなう神楽は数年に一度、あるいは臨時に行われる非常に大がかりなものである。なお、大原神職神楽の託宣神事については『大原神職神楽』（島根県古代文化センター、二〇〇〇年）、大元神楽については『邑智郡大元神楽』（邑智郡大元神楽保存会、一九八二年）、『神楽と神がかり』（牛尾三千夫、一九八五年）等が詳しい。

島根県内では、このような神事的な色彩が色濃く残る神楽と共に、毎年行われる祭礼（例祭）でも神楽が行われ、「神迎え」や「神送り」の祭式が守られている事例がみられる。

今日の出雲における例祭神楽では、「神迎え」から「神送り」までの祭式を神楽の中で省略せずに行うところは、祭り全体の時間が短くなっているせいもあり減少傾向にあるが、神楽を行う舞場（舞台）に神を迎えるという意識は、出雲神楽の儀式舞である「七座神事《しちざのしんじ》」の中に見ることができる。

## （二）神迎えの神事としての「七座神事」

出雲地方の神楽は、直面《ひためん》の採物舞である「七座神事（七座とも）」、祝言の「式三番《しきさんば》」、「能舞」あるいは「神《しん》能《のう》」と呼ばれる着面の神楽能の三種で構成される点に特徴がある。このような構成の成立には、松江市鹿島町で伝承されている佐陀神能が大きく関与したと言われている。

佐陀神能は、江戸時代まで佐太神社を中心とする近隣の神職や巫女が担っていた神楽である。佐太神社は明治以前には「佐陀大社」と称し、出雲国十郡のうち北東部の三郡半、すなわち島根・秋鹿・楯縫の三郡と意宇郡西半の神社を統括する影響力の大きい神社だった。残りの六郡半の神社を統括していたのは、杵築大社（現在の出雲大社）である。勢力範囲に差はあるが、佐太神社は出雲国二ノ宮として出雲大社と比肩する力を持った大神社だったのである。

さて、その佐太神社の神官だった宮川氏が、慶長年間（一五九六～一六一五年）に京へ上った折に猿楽能を学び、すでに出雲地方にあった神楽にその方式を取り入れ、再整理したのが佐陀神能と言われている。具体的には、猿楽能の「式三番」を取り入れ、「七座神事」の後に舞うこと、「式三番」や「神能」の奏楽に猿楽能で用いる鼓を取り入れている点等が挙げられる。

また、佐陀神能では、中国地方でよく見られるような舞台上の天蓋や切り飾りなどの装飾がなく、吉田神道の教義に則って簡素化されるなど、舞台の設えにも周辺の他の神楽とは異なる特徴が見られる。

佐太神社における「神能」という言葉の初出は、寛永十六（一六三九）年の同社遷宮の次第を記した文書である（「寛永拾六己卯歳五月三日成就畢當社下遷宮次第之事」佐太神社蔵）。この中で、「神能仕社家人数之事」として、一二人の神職の名前が列挙され、「法楽」として「神能五番」が行われており、この頃にはすでに佐太神社で「神能」が舞われていた様子がうかがえる。

こうした猿楽能との関連が指摘される「式三番」や「神能」とは異なり、「七座神事」については、明確なことはわからないものの、猿楽的要素が少ないため、猿楽能摂取以前からすでに出雲で舞われていたと考えられる。

十七世紀半ばの松江城下では、すでに現在と同じく「七座神事」や「神能」、「式三番」という構成が定着していたことが、黒澤石斎によって編まれた『懐橘談』

（一六五三年）に記されている。

江戸にて見し能とはかはり、先づ七座の神事と云ふあり。一には剣の舞、是は七徳武の舞の遺法なるべし。二には潮、是は潮を汲んで席を清むる心なり。三には御座の舞、是は八月二十四日佐陀の御座かふる舞なり。四には潅頂（勧請）、五には祝言、六には手草、榊をもって舞奏で侍る。七には乙女、是を七左の翁と云ふ。（黒澤石斎『懐橘談』）

「七座の神事」として、①剣の舞、②潮、③御座の舞、④勧請、⑤祝言、⑥手草、⑦乙女という七つの舞が、当時舞われていたことがわかる貴重な史料である。

さらに、黒澤長尚編の地誌『雲陽誌』（一七一七年）にも、現在の賣布神社（松江市和多見町）で行われた「七座神事」に言及した部分があるが、これらの史料に記された「七座神事」の構成は、現行の出雲各地の神楽とは異なる部分もみられる（表1）。

この表からわかるように、必ずしも七座（演目）で統一されておらず、七つ前後の採物舞で構成されている。また、佐陀神能で最初に舞われるのは〈剣舞〉だが、出雲西部では〈塩清目〉を最初にする事例が多く、序盤に舞われる〈散供《さんぐ》〉は佐陀神能と旧大原郡を除くと他の地域では見当たらないなど、相違点も多く、同一の神楽でも地域や時代によって順序や構成は一定しないことが読み取れる。

出雲神楽における「七座神事」について、石塚尊俊は次のように説明している。

剣を採って悪魔を祓い、御供を散らして荒び疎《うと》び来るものを祭却《さいきゃく》し、そこへ神の御座を敷く。そしてこれをもう一度清め、そこへ神霊を勧請する。そして巫女が鈴を採って舞い、次いで男性社人が手草を採って舞うというもの。（石塚尊俊監修『保存版 島根県の神楽』、郷土出版社、二〇〇三年、一〇四頁）

つまり、「神霊を勧請する」ことに、「七座神事」の目的の一つがあることが、ここで指摘されている。「七座神事」は七種の採物舞の単なる寄せ集めではなく、神を勧請するために仕組まれた舞をともなう祭式なのである。

一連の儀式舞をまとめて「七座神事」と呼び、面を付けて舞う「式三番」や「神能（能舞）」に先行させる点は、出雲地方一円で共通する。また、出雲地方の神楽では、「七座神事」のうち〈莫蓙舞〉の後に、〈勧請〉が行われる点も共通する。多くの団体で、七座の中盤で〈莫蓙舞〉と〈勧請〉が舞われていること、〈莫蓙舞〉が〈勧請〉に先行して舞われることなどが「七座神事」の共通項として浮かび上がる。

だが、現在の出雲神楽において、〈勧請〉〈祝詞〉〈神降ろし〉等と称する「神霊を勧請する」演目では、内容の全く異なる二種類の神楽が併存している。

一つ目は、佐陀神能や海潮山王寺神楽（雲南市大東町）等の出雲東部の神楽にみられ、もう一つは出雲西部で広く見られるが、保持団体数が圧倒的に多いのは後者である。前者と後者との間にある明確な違いは、舞場の天井に「天蓋《てんがい》」と呼ばれる装置が吊されているかどうかという点である。前者には天蓋がなく、後者には必ず天井から吊り下げられた天蓋を曳く「天蓋曳き」が行われる。

表1では、該当する演目で天蓋を用いない場合は太線で囲み、天蓋を用いる場合は灰色で色付けした。

次章では、この二通りの〈勧請〉を通して、神霊を迎える際に出雲地方で行われている神楽について検討したい。

## 二　出雲神楽の〈勧請〉にみる「神迎え」

### （一）二つの〈勧請〉

今日では「七座神事」の一つに数えられる〈勧請〉が、江戸時代までは七座にも神能にも含まれない「注連《しめ》行事」と称する独立した行事として行われていたことが、錦織稔之氏の論文「出雲神楽における七座の〈勧請（神降ろし）〉について：近世役指帳に見える〈注連行事〉の分析から」（『山陰民俗研究』一五号、二〇一〇年）の中で明らかにされている。錦織氏は、主に出雲市域に伝わる近世から近代にかけての役指帳《やくざし》や神楽台本を分析し、現在のように、「七座神事」の中に天蓋曳きをともなう注連行事が入り、定着したのは明治期以降と考えられると指摘する。

しかし、注連行事が〈勧請〉として七座に組み込まれる以前から、すでに〈勧請〉という演目が七座に存在していたことは、『懐橘談』や『雲陽誌』からも明らかである。

表１　出雲地方の神楽における「七座神事」の構成

| | 七座の構成 | | | | | | | | | | | |
|---|---|---|---|---|---|---|---|---|---|---|---|---|
| | ① | ② | ③ | ④ | ⑤ | ⑥ | ⑦ | ⑧ | ⑨ | ⑩ | ⑪ | ⑫ |
| 『懐橘談』（1653年） | 剣舞 | 潮 | 御座 | 潅頂 | 祝言 | 手草 | 乙女 | | | | | |
| 『雲陽誌』（1717年） | 剣舞 | 御座 | 清浄 | 勧請 | 散供 | 祝詞 | 八乙女 | | | | | |
| 見々久神楽「役指帳」（1820年） | 座鎮 | 剣舞 | 潮清 | 御座 | 勧請 | 八乙女 | 大諄辞 | 手草 | 悪魔切 | | | |
| 宇那手神楽『神代神楽帖』（1935年） | 塩清め | 四方剣 | 幣之舞 | 茣蓙舞 | 布舞 | 鈴之舞 | 扇子舞 | 八乙女舞 | 悪切り舞 | 山神 | 神祝詞 | |
| 佐陀神能（松江市鹿島町佐陀宮内） | 剣舞 | 散供 | 清目 | 御座 | 勧請 | 八乙女 | 手草 | | | | | |
| 唐川神楽（出雲市唐川町） | 座附 | 塩清め | 四方太刀 | 手草の真 | 茣蓙舞 | 手草の枝 | 扇の段 | 幣の舞 | 悪切り | 八乙女 | 神卸 | 山の神 |
| 氷室神楽（松江市宍道町宍道） | 四方清メ | 湯立 | 布舞 | 神降ろし | 四方剣舞 | 悪切 | 山の神 | | | | | |
| 大土地神楽（出雲市大社町杵築西） | 塩清目 | 悪切 | 茣蓙舞 | 神降ろし | 八乙女 | 手草 | 幣の舞 | 四方剣 | | | | |
| 見々久神楽（出雲市見々久町） | 塩清め | 湯立 | 四方剣 | 剣舞 | 茣蓙の舞 | 幣の舞 | 祝詞 | 八乙女 | 手草 | | | |
| 小田神楽（出雲市多伎町小田） | 湯立 | 四方清 | 茣蓙舞 | 四方剣 | 太祝詞 | 山の神 | 八乙女 | 扇の段 | 剣舞 | | | |
| 海潮山王寺神楽（雲南市大東町山王寺） | 清目 | 御座 | 散供 | 手草 | 奉幣 | 陰陽 | 悪切り | | | | | |
| 大原神職神楽（旧大原郡など） | 清目 | 茣蓙 | 撤供 | 手草 | 勧請 | 陰陽剣舞 | 悪切 | | | | | |
| 槻之屋神楽（雲南市木次町湯村） | 清目 | 手草（真） | 手草（連） | 茣蓙 | 勧請 | 剣舞 | 山神祭 | | | | | |
| 奥飯石神職神楽（飯石郡飯南町他） | 潮清女 | 手草 | 剣舞 | 御座舞 | 勧請 | 祝詞 | 八乙女 | 直会 | | | | |

※演目の順序は年によって若干の変動があるので飽くまでも一例

先に述べたように、現在の出雲神楽で見られる〈勧請〉には、天蓋を用いて神迎えを行うものと、佐陀神能のように天蓋を持たずに神迎えをするものの二種類が存在する。出雲地方で天蓋を舞台装置として持たないのは、佐陀神能と同系の亀尾神能（松江市西持田町）、現在の雲南市東部で伝承されている大原神職神楽および旧大原郡の神楽、島根半島の日本海側で伝承されている小伊津の神楽（出雲市小伊津町）等である。なお、中国地方で天蓋を用いない神楽は、他に広島県と愛媛県にまたがる芸予《げいよ》諸島の神楽のみとされる。

図1　佐陀神能〈勧請〉（提供：島根県古代文化センター）

先に、これら天蓋を用いない〈勧請〉の内容を見ておきたい。

佐陀神能の〈勧請〉は、「七座神事」の五段目に行われる。その内容は大幣を採物とした一人舞である。「謹上再拝再拝、空には日神月神」と唱えながら、舞台を大きく回り、大幣で四方を祓う程度の所作である（図1）。

また、大原神職神楽の〈勧請〉も「七座神事」の五段目に舞われ、内容も佐陀神能とよく似ており、「舞というより、御幣による神勧請の儀式といった趣が深い」（『大原神職神楽』島根県教育庁文化財課古代文化センター、二〇〇〇年、四六頁）と指摘される。一人舞で、幣を手にしてゆっくりと四方を拝した後、幣は本殿内に献じられる。

このように、佐陀神能や大原神職神楽等の〈勧請〉の実態は、儀式舞というよりも奉幣神事に近い。

## （二）天蓋曳き行事をともなう〈勧請〉

次に、出雲地方で天蓋曳き行事を行う事例を取り上げたい。

天蓋とは、貴人にさしかけた日傘が仏像の荘厳《しょうごん》（飾り）となったもので、仏教においては金属製、もしくは木製の場合が多いが、神楽では木や竹の枠に文字や図柄を切り抜いた紙飾りを貼って造られ、神楽が舞われる舞場の天井などに吊される。

方形・八角形・円形など様々な形状をしており、天井から吊される数も一～一〇個以上と地域によって異なる。大きさもまちまちだが、その呼称も備後神楽（広島県東部）では「造花《ぞうか》」（丸形）、備中神楽（岡山県西部）では「白蓋《びゃっかい》」（八・六・四角形の組み合わせ）、隠岐神楽（島根県隠岐地方）「玉蓋《ぎょっかい》（バッケとも）」等、中国地方に限ってみても多様である。

出雲地方では天蓋の数は二個の場合が大半だが、天蓋から「千道《ちみち》」という和紙を細く切った飾りを放射線状にわたすところも見られる（図4・6）。呼称は「天蓋」とするところが多いが、奥飯石神楽では「白海《びゃっかい》」、槻之屋神楽では「チュウレン」等とも呼び、その形状は方形がほとんどである。

なお、神楽に用いられるものではないが、美保神社（松江市美保関町）の天蓋は「祓解《ばっかい》」と呼ばれ、毎年春に行われる「蒼柴垣神事《あおふしがきしんじ》」では、これを用いる「祓解奏《ばっかいそう》神事」がある。「祓解」は通常、同社の神門の上部に吊り下げられているが、神事の際には拝殿にて祭祀関係者がこれを両手で持って、左右左と回り、自らを祓うために用いられる。

三村泰臣は、この天蓋を「神楽にとって必要不可欠な最重要アイテム」と捉え、神楽における役割、中国地方各地の神楽にみられる「天蓋」を用いた行事について考察をしている（三村泰臣「神楽の天蓋について」『中国地方各地の神楽比較研究』、島根県教育庁文化財課古代文化センター、二〇〇九年）。この中で三村は、神楽に用いる天蓋について、神勧請としての機能、清めの装置、葬祭の道具等の役割を見出したが、出雲神楽の場合には、主として神勧請の機能を果たすと考えられる。天蓋を用いる行事が神楽の前半部分で行われる点が、その理由の一つとして挙げられよう。

また、天蓋の下で舞われる神楽は全国各地に存在するが、島根県を含む中国地方の神楽において特筆すべきは、この天蓋を上下、前後左右に動かす演出が見られる点であることも三村は指摘する（前掲論文、一九頁）。

出雲地方の中でも特に、出雲市域では例祭神楽の中で、この行事を行うところが比較的多く残る。他にも、毎年行わずとも、保持している団体と合わせて紹介し、出雲における天蓋曳き行事の特徴について見ていきたい。

## ①大土地《おおどち》神楽（出雲市大社町杵築西）の〈神降ろし〉

国の重要無形民俗文化財に指定されている大土地神楽は、大土地荒神社の例祭で、毎年〈神降ろし〉と称する天蓋曳き行事を行う。「七座神事」の一つとして数えられ、〈茣蓙舞〉の後に行われる。

舞座中央に三〇センチ四方の二つの天蓋が吊され、これを紐で操作し、上下させる。天蓋には、雲や鳥居、石段、燈籠などの図柄を切り抜いた紙（切飾《きりかざり》）が木枠に貼り付けられ、さらに色紙で装飾する。天蓋の四隅には紙垂《しで》も下げられる。以前は一人で天蓋を曳いたが、現在は二人が一つずつ操作する。

図２　大土地神楽〈神降ろし〉
（提供：島根県古代文化センター）

斎主はまず大幣により左右左と舞台を祓い清め、その後に座して祝詞を奏上する。つづいて、朔日《ついたち》から三十日までの日々の守護神の名前を五日ごとに分けて読み上げると、斎主は祝詞を持ったまま、その場で上半身を左右左に動かし、さらに反時計回りに小さく舞台を回った後、その場に平伏する。囃子方は囃しながら、「いついつ来拝奉る。神感納受奉る」と謡い、舞台奥にいる天蓋の曳き手は「神降ろし囃子」に合わせて、天蓋をゆっくりと上下させる。斎主が三十日の神名を読み上げ、平伏すると、奏楽のテンポは徐々に速まり、天蓋は斎主の頭上で前後左右に激しく、文字通り縦横無尽に動かされる（図２）。なお、操作中の綱のもつれは嫌われる。奏楽が止まり、天蓋がふたたび天井付近まで上げられると、斎主は顔を上げて、開いたままの祝詞を畳み、その場で拝礼し、退場する。

## ②唐川《からかわ》神楽（出雲市唐川町）の〈神卸《かみおろし》〉

唐川神楽は、韓竈《からかま》神社の例祭で二年に一度、西暦奇数年に奉納される神楽である。ここでも、「七座神事」の一つとして、天蓋曳き行事である〈神卸〉が行われている。天蓋は天井より二つ吊され、切飾や色紙で華やかに装飾される。斎主は大幣を持って登場し、四方を清めるようにして舞台を回る。祝詞の奏上は省略されるが、後段の三十柱の神名は読み上げられる。斎主が五日分の神名を読み上げるごとに、「謹上再拝」と囃子方が連唱し、天蓋が上下する。天蓋は客席から一人で操作される。三十日分の神名を読み終えると、斎主は退場し、舞台上では天蓋が囃子に合わせて激しく動かされる。

図３　唐川神楽〈神卸〉

### ③見々久《みみく》神楽（出雲市見々久町）の〈祝詞〉

見々久神楽は御崎神社の例祭で奉納される神楽で、「七座神事」の中で天蓋曳き行事〈祝詞〉が行われる。天蓋は二つあり、一人が一つずつ操作する。舞台を斎主が大幣によって祓い清めた後、祝詞が奏上される。大幣にて正面で左右左と祓う際、これに呼応して天蓋がわずかに上下する。祝詞の前文が終わり、出雲国の大神杵築大明神、神門郡の大神日御碕大神、在所の神名を読み上げた後、「朔日《ついたち》は別雷命《わけいかづちのみこと》……」と三十番神を五日毎に区切って勧請し、祝詞を広げたまま舞台を回るが、この時も天蓋は上下に少しだけ動き、斎主が正面に戻り、祝詞を左右にはらうと、やや激しく上下する。これを五日毎に繰り返し、全ての神名を読み終え、斎主が平伏すると、天蓋は上下左右に激しく動かされる。

図４　見々久神楽〈祝詞〉
（提供：島根県古代文化センター）

### ④小田神楽（出雲市多伎《たき》町小田）の〈太祝詞〉

小田神楽は、出雲地方西端で伝承されている神楽で、地元の小田神社の例祭で奉納されている。ここでは、

図５　小田神楽の天蓋

〈太祝詞〉という名称で天蓋曳き行事が行われている。天蓋は二つで、舞台手前の上部に取り付けられているが、四面に天神等の神々の姿が繊細な切り絵で表現されている（図５）。これを舞台奥から一人で操作する。

斎主は最初に大幣による奉幣を行い、その後、祝詞奏上、神名の読み上げを行う。五日ごとに祝詞を左右左にはらうと、天蓋が交互に上下に動かされる。全ての神の名が読み上げられると、斎主はその場に平伏し、その頭上で天蓋が激しく操作される。

**⑤槻之屋《つきのや》神楽（雲南市木次《きすき》町湯村）の〈勧請〉**

槻之屋では、天蓋のことを「チュウレン」と呼ぶ。天井から二つ吊され、操作は一人で行う。

図６　槻之屋神楽の〈勧請〉
（提供：島根県古代文化センター）

〈勧請〉は「七座神事」の一つとして舞われ、斎主が一束幣《いっそくべい》（大幣）を持ち、四方と中央を清めると、チュウレンはゆっくりと下の方に一度降り、ふたたび上がってゆく。その後、斎主は舞台正面で奉幣する。神幣を置いた後、神名を読み上げる。斎主は五日ごとに区切り、体を左右左に振って立拝すると、チュウレンが上下に動く。三十日全ての神の名が読み上げられ、斎主が平伏すると、チュウレンが上下する。斎主退場の後、チュウレンは上下左右に激しく動かされる。

**⑥奥飯石《おくいいし》神職神楽（飯石郡飯南町他）の〈勧請〉**

奥飯石神楽で用いる天蓋は「白海《びゃっかい》」と呼ばれ、舞台四隅の天井に四つ吊され、一人一つずつ舞台外側から操作する。「七座神事」の中で行われ、最初に斎主は大幣を手にして、〈御座舞〉で敷かれた御座の前に出て、囃子方と神楽歌を掛け合う。祝詞奏上や神名の読み上げはしない。奏楽に合わせて、斎主は奉幣の所作を行い、白海ははじめ静かに上下するのみだが、徐々に動きを早め、斎主が退場すると、上下左右に激しく動く。

　白海が激しく動く中、ふたたび斎主が現れ、手にした小幣を舞台正面上部に設置された神棚にあげる。なお、この小幣は一晩の神楽が全て終わった後に、神棚から下げられる。

図７　奥飯石神職神楽の〈勧請〉
（提供：島根県古代文化センター）

図８　神棚に供えられた小幣
（提供：島根県古代文化センター）

　以上、六例の天蓋曳き行事について見てきた（表2）。これらの天蓋には、重り代わりとなる布などに包まれた洗米（二～三合分程度）等が上部に付けられている。外からは見えづらいが、こうした仕掛けにより、時にぶつかりながら激しく動かされた天蓋は切飾が破れたり、天蓋そのものが破損したりし、舞台上に紙片が散乱したりする場合もあるが、こうした状態こそが、その場に神が現れた証として認識されている。

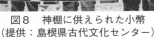

## （三）石見・隠岐の神楽にみえる天蓋曳き行事

　島根県内では、石見や隠岐の神楽でも天蓋曳き行事は伝承されているが、数年に一度の式年《しきねん》祭など限られた機会にしか行われない。石見地方の大元神楽の〈天蓋〉では、天蓋四～九個を三人で紐を引いて操るが、かつては一三個の天蓋を一人で操作していたとも言われる。〈天蓋〉は、〈山勧請〉〈綱貫《つなぬき》〉〈御綱祭《みつなまつり》〉とともに大元神楽の神楽式の中で最も重要な神事であり、細心の注意を要するとされる。奏楽に合わせて天蓋の綱を操作し、徐々にその動きを激しくする。綱が絡まる時もあるが、その際には「天蓋の　緑の糸を　引く時は　とけよやほどけ、結ばれぬ糸」という神楽歌を歌うと、もつれた紐が

表２　天蓋曳き行事の比較表

| 神楽の名称（所在地） | 演目名 | 天蓋の名称 | 天蓋の個数 | 奉幣の有無 | 祝詞の奏上 | 神名の読み上げ | 後取・幣後取の有無 |
|---|---|---|---|---|---|---|---|
| 大土地神楽（出雲市大社町杵築西） | 神降ろし | 天蓋 | 2 | ○ | × | ○ | ○ |
| 唐川神楽（出雲市唐川町） | 神卸 | 天蓋 | 2 | ○ | ○ | ○ | ○ |
| 見々久神楽（出雲市見々久町） | 祝詞 | 天蓋 | 2 | ○ | ○ | ○ | ○ |
| 小田神楽（出雲市多伎町小田） | 太祝詞 | チュウレン | 2 | ○ | ○ | ○ | ○ |
| 槻之屋神楽（雲南市木次町湯村） | 勧請 | チュウレン | 2 | ○ | × | ○ | ○ |
| 奥飯石神職神楽（飯石郡飯南町他） | 勧請 | 白海 | 4 | ○ | × | × | △※1 |

※１：祝詞奏上がないため、幣後取のみ。

ほどけると言われている。

隠岐地方では、雨乞いや病気平癒等の祈願した後、その願解きとして行われる祈禱のための神楽の中で、「玉《ぎょっ》蓋《かい》」と呼ばれる天蓋を曳く〈注連行事〉が神楽式の終盤、夜が明けた頃に行われる。〈注連行事〉を含む一晩かけて行われる祈禱神楽を、島前では「大《おお》注連《しめ》神楽」、島後では「御《お》注連《しめ》神楽」と呼ぶ。

島後久見《くみ》神楽（隠岐の島町久見）の場合には、玉蓋が奏楽に合わせて上下左右に激しく動かされ、これが終わると、鈴を手にした巫女による舞が舞われる。つづいて、舞台中央に大太鼓が据え置かれ、その周囲を囃子方や天蓋を頭上に掲げた斎主らが奏楽に合わせて廻りながら、三十柱の神名を読み上げる「三十番神巡り」が行われる。

## おわりに

ここまで、主に出雲地方で見られる二種類の〈勧請〉、すなわち、佐陀神能などに見られる天蓋曳きをともなわない奉幣行事と天蓋曳き行事について、具体的に見てきた。

出雲神楽における天蓋曳き行事は、前半に大幣の奉幣、後段で祝詞奏上と神名の読み上げを行う構成が一般的である。また、個別の事例紹介では触れなかったが、それぞれの天蓋曳き行事では、祝詞や神名を奏上する斎主以外に、祝詞を斎主に渡す後取《しどり》と、大幣を受け渡す幣後取と呼ばれる役が一緒に舞台にあがる場合がある（表2）。これらの役は斎主同様に謹厳な態度で舞台に現れる場合がある一方で、斎主等の役を子供やチャリ（道化役）が務めるなど、出雲神楽独自の変容も認められる。

神楽の重要な舞台装置であり、様々な役割を付与された天蓋が、出雲神楽においては、主に神迎えの装置として展開してきたこと、さらに舞台装置を極力排した佐陀神能による改革によって、奉幣行事としての〈勧請〉と、従来からの天蓋曳きによる〈勧請〉、二通りの神迎えの祭式が今日まで伝えられたことは、出雲地方の神楽の特色のひとつと言って差し支えないだろう。

天蓋の紐をもつれさせずに激しく動かすには、熟練した技術を要するため、天蓋曳き行事はややもすれば技巧に走りがちになる。しかし、天蓋を操作する役は神楽団体の代表者が務める場合が多く、重要な行事として今日でも位置付けられている。周辺の神楽と異なり、出雲地方の神楽では神懸かり託宣が見られる機会はごく限られているが、天蓋行事は「七座神事」に組み込まれて以降も、神の来臨を感じさせる数少ない行事として伝承されているのである。

地図　出雲地域の神楽所在地

**【引用・参考文献】**

海士町教育委員会編『島根県隠岐郡海士町　隠岐島前神楽調査研究報告書』海士町教育委員会、二〇一八年
石塚尊俊『西日本諸神楽の研究』慶友社、一九七九年

石塚尊俊『佐陀神能』佐陀神能保存会、一九七九年
石塚尊俊『槻之屋神楽』槻之屋神楽保存会、一九八〇年
石塚尊俊『出雲神楽』出雲市教育委員会、二〇〇一年
石塚尊俊監修『保存版　島根県の神楽』郷土出版社、二〇〇三年
牛尾三千夫『神楽と神がかり』名著出版、一九八五年
邑智郡大元神楽保存会『重要無形民俗文化財　邑智郡大元神楽』桜江町教育委員会、一九八二年
山陰民俗学会編『山陰の祭祀伝承』山陰民俗学会、一九九七年
小糠しのぶ解読『『懐橘談』〈乾・坤〉写本』出雲の石神信仰を伝承する会、二〇一七年
島根県古代文化センター編『大原神職神楽』島根県古代文化センター、二〇〇〇年
錦織稔之「出雲神楽における七座の〈勧請（神降ろし）〉について：近世役指帳に見える〈注連行事〉の分析から」『山陰民俗研究』十五号、山陰民俗学会、二〇一〇年
三村泰臣「神楽の天蓋について」『中国地方各地の神楽比較研究』島根県教育庁古代文化センター、二〇〇九年
山路興造「神楽における神懸かりの方式：中国地方の神楽を中心に」『中国地方各地の神楽比較研究』島根県教育庁古代文化センター、二〇〇九年
山路興造「神楽とは何か」『民俗芸能研究』五八号、民俗芸能学会、二〇一五年

# 第4章

# 神霊の巡幸と風流道中

# わが国の祭り花と佐志武《さしむ》神社（湖陵町）の神事華《じんじばな》

……野坂俊之

祭り花は、全国各地に見られ、特に島根県の出雲西部から石見東部にかけて多く分布している。その中でも出雲市湖陵町差海の佐志武神社奉納神事華は、華麗かつ巨大な華として知られている。全国及び県内の祭り花を紹介するとともに、佐志武神社神事華の制作や祭りの状況を見ていく。さらに、その重要な特徴と近年減少してきている祭り花の問題点を指摘したい。

**のざか・としゆき**
昭和三十九（一九六四）年、島根県に生まれる。茨城大学人文学部社会科学科中退。安来市教育委員会、湖陵町教育委員会を経て、出雲市役所文化財課で勤務。現在、出雲市教育委員会教育政策課。文化財保護行政を中心に取り組んできた。
**【編著書・論文等】**
「田儀櫻井家経営越堂たたら及び田儀浦の原風景復原」『博古研究第三八号』（博古研究会）、「鰐淵寺の総合調査と発掘調査」『遺跡学研究第八号』（日本遺跡学会）、「出雲市内の一畑薬師灯篭」『山陰民俗研究第二〇号』（山陰民俗学会）、「原始古代の湖陵町」『湖陵町誌』（湖陵町）

## はじめに

島根県出雲市の西に位置する湖陵町差海の氏神である佐志武神社では、毎年十月に例大祭が営まれ、勇壮な「神事華」と「神事舞」の奉納が氏子によって受け継がれている。昭和五十九（一九八四）年に旧湖陵町（現出雲市）の無形民俗文化財に指定され、特に神事華は、非常に大きな祭り花で、巨大かつ華麗なものとして市内外で有名となっている。

山口覚氏の調査（山口覚「出雲・石見の祭り花について」『山陰民俗第三一号』一九七八）によれば、このような「神事華」・「祭り花」を奉納する風習は、県内に相当数存在し、全国的にもよく似た形態の祭りがいくつか見られる。本稿では、祭り花を俯瞰的に見たうえで、佐志武神社奉納神事華の制作過程や祭りの状況を概観する。また、この神事華の大きな特色を社会学的見地から見ていくとともに、かつては多く存在した祭り花が減少している問題点を指摘してみたい。

## 一　祭り花（神事華）とは何か

湖陵町では「神事華」と記すが、出雲市内では「神事花」の表記が多く、雲南市や飯南町などの出雲南部や石見地方では、「祭り花」と表記するところが大半である。また、全国的には「花笠」・「花傘」・「花鉾」とするところが一般的のようである。

　ところで、この祭り花（神事華）とは何か。石塚尊俊編『山陰の祭祀伝承』（一九九七）のなかでは、「祭礼に際し、造花を奉納する風習」と定義されている。簡単に言えば、色紙等を用いて作成した花を竹や枝に数多く付け、神社等に納める行事のことである。その祭り花の多くは、神が降臨すると捉えられており、氏神の依り代《よしろ》となって、参集した氏子のところにお出ましになると考えられている。つまり、神輿や山車《だし》と同様の機能を備えており、それらとは異なる形態の依り代であると考えられる。

山口氏による昭和五十三年の調査では、島根県内に九四か所もの祭り花が現存していた。しかし、その分布をみると（図1）、出雲西部から石見東部に集中しており、松江市や益田市にはまったく見られないことが分かる。さらに鳥取県で見ると、八頭郡西部の船岡町・用瀬町・智頭町のみに限られる。一方、祭り花が行われる地域では、武者行列・奴道中《やっこどうちゅう》といった行列系祭礼や山車・屋台を用いた祭礼形態は見ることができない。武者行列・奴道中は鳥取県や石見西部域に現存し、山車・屋台は出雲東部や石見西部に見られる。詳しい調査が必要であるが、中世末から近世期にかけての城下町では、行列系や山車が見られ、そうでない地域に祭り花が見られるように思われる。

　こうした行列系や山車とは異なる「祭り花」の大きな特徴は、祭り花の制作過程にあると推察できるが、これについては後述する。また、そのために派生する問題についても後に述べたい。

## 二　全国の祭り花・花神事

　最初に記したように、祭り花形態は、県内だけでな

図１　島根県の祭り花の分布状況（文末注記参照）

く、日本各地にもよく似たものがある。ここでは、写真を交え、それらの紹介を行いたい。

## （一）日本各地の祭り花

### ①益子《ましこ》祇園祭　花馬（栃木県益子町）

七月後半の三日間に行われ、六町内が屋台を引いて町中を回る。また、関東三大奇祭に数えられる「御神《おみ》酒《き》頂戴《ちょうだい》式《しき》」が行われ、来年の当番町が、一年三六五日になぞらえ三升六合五勺（約六・五リットル）入る大杯につがれた熱燗を一〇人で三杯飲み干す。最終日の午後には、「花馬」を先頭に六町が町内を練り歩く。昔は実際の馬を引いていたが、今は馬の模型を台車に乗せ引いている。

画像提供：益子町観光協会

### ②山北《やまきた》のお峯入り・万燈《まんとう》（神奈川県山北町）

「お峯入り」の歴史はかなり古いものと思われ、国指定重要無形民俗文化財に指定されている。お峯入りという名称は、一般には修験道の入峯修行を意味するもので、この踊りは、構成員八一人、役は二九種ある。現在は小学校で全歌舞を演じてから神明社にお練りし、社前で再度演じる。お練りの途中大野山を仰ぐ所に集まるといっせいにきれいに飾られた「万燈」を振る。

画像提供：山北町教育委員会

③花みこし（岐阜県美濃市）

四月第二土・日曜の二日間に美濃まつりとして行われ、江戸時代の雨乞い行事として始まり、明治三十三（一九〇〇）年に初めて花みこしが現れた。大小三〇基余りの花みこしが町内を練りまわり、一基あたり約三〇〇本の「紙花しない（串）」を付け、桜の花が乱舞しているような美しさを思わせる。

画像提供：美濃市観光協会

④六日祭　花奪《ば》い祭り（岐阜県郡上《ぐじょう》市）

毎年一月六日に長《なが》滝《たき》白山神社で六日祭が行われ、国指定重要無形民俗文化財の「長滝の延年」が古式ゆかしく奉納される。延年の舞の途中から「花奪い」が行われ、高さ六メートルの拝殿天井に吊るされた五つの大きな花笠を、人梯子《ひとばしご》を作り奪い合う。この花を持ち帰ると豊蚕、豊作、家内安全、商売繁盛になるとされる。

画像提供：郡上市観光連盟

## ⑤坂下神社　花馬祭（岐阜県中津川市）

画像提供：中津川市観光課

平安末期に木曽義仲が平家を討った際の戦勝祝いが始まりとされ、馬の鞍に紙花のついた串を付け、境内で人々が花串を奪い合う。現在では五穀豊穣を願う祭りとして伝承されている。

## ⑥武芸《むげ》八幡宮　花馬まつり（岐阜県関市）

画像提供：関市観光協会

毎年四月中旬の日曜日に武芸八幡宮春の大祭として行われるもので、大変勇壮な祭りである。和紙と竹で造った「桜花」を鞍に飾った四頭の馬が次々と神社の境内に駆け込むと、待ち構えていた氏子・観光客らがどっと詰め寄り、一斉に花を奪い合う。奪った花を円形にして家の屋根に上げておくと落雷防止、家運隆盛に御利益があると伝えられている。

## ⑦花馬祭（長野県南木曽《なぎそ》町）

画像提供：南木曽町観光協会

毎年十月第一日曜日に、豊作、安産、家内安全などの諸願成就を感謝して田立《ただち》五宮《いつみや》神社で行われるものである。色紙で作ったたくさんの花を竹ひごに付け、それらを三頭の木曽馬の鞍に飾り町内を練り歩く。神社に到着し、境内を三周した後、待っていた人々が馬に殺到し花を取り合う。手にした花は虫除けとして田の畔に挿したり、厄除けとして家の入口に飾ったりする。

## ⑧高岡御車山祭　花傘（富山県高岡市）

高岡御車山祭は、国指定重要有形民俗文化財かつ重要無形民俗文化財で、ユネスコの世界文化遺産にも登録さ

画像提供：高岡市観光協会

れている。壮麗な装飾の山車《やま》が有名な高岡關野《せきの》神社の例大祭である。一六世紀後半豊臣秀吉が後陽成天皇と正《おお》親町《ぎまち》上皇を聚楽第《じゅらくだい》にお迎えする際に使用した御所車《ごしょぐるま》を前田家が拝領し、それをさらに町民に与えられたのが始まりとされている。「花傘」は三色の和紙で菊の花をかたどっている。

画像提供：日野観光協会

**⑨日野のホイノボリ（滋賀県日野町）**

長さ五メートルにもなる竹ひごに白や桃色の薄和紙で作った花弁を付け、枝垂れるようになったものを「ホイ」と呼ぶ。日枝神社の南山王祭では、二二本もの「ホイノボリ」が立ち並び、その下で人々は酒を酌み交わすという優雅なお祭りである。由来は諸説あるようだが、農業用水を共有する地区が行うことから五穀豊穣を意味すると考えられる。滋賀県の無形民俗文化財に指定されている。

**⑩京都祇園祭　花傘巡行（京都府京都市）**

前祭の山鉾巡行を終え、後祭山鉾巡行とほぼ時を同じくして「花傘巡行」が行われていたが、昭和四十一（一九六六）年に前祭山鉾巡行のみとなった。その後、山鉾巡行に代わり花傘巡行が行われるようになり、平成二十六（二〇一四）年からは、後祭山鉾巡行もほぼ同時に行われるようになった。元々、祇園祭が始まった頃の山鉾は、「花傘」の形態であったと伝えられており、祭の原初的な形と考えられている。

画像提供：八坂神社

### ⑪勝手《かって》神社神事踊　オチズイ（三重県伊賀市）

画像提供：伊賀市教育委員会

別名「カッコ踊」とも呼ばれている。毎年十月第二日曜日に行われる秋の例祭である。江戸時代中期に始まった神事踊「カッコ踊」は、三重県の無形文化財、国の記録作成等の措置を講ずべき無形の民俗文化財に指定されている。古来、田楽形式のカッコ太鼓を肩からかけた豊年踊りとして行われており、悪疫退散や雨乞いなどの祈りを捧げている。

色とりどりの紙花を付けて垂らした竹ひごの「オチズイ」を背負い、胸につけたカッコ太鼓を打ちながら踊る姿は、色美しく優美である。

### ⑫井永八幡神社例大祭　花鉾（広島県府中市）

祭礼行事は府中市指定無形民俗文化財で、前夜の古式を伝える神殿入りから始まり、十一月三日当日の神儀は、毎年作られる三組の花鉾・屋台が、道切《どうきり》（猿田彦）・獅子を先頭に太鼓・鉦《かね》を打ち鳴らしながら、境内に上がってくる。花鉾は、桜花鉾・柳花鉾が出され、台座はワラで作る直径二五センチ・高さ七〇センチの物を紺紙・青（緑）紙で包む。幅二～三センチ、長さ一メートルを一〇本、一・五メートルを一〇本、二メートルを一〇本、それぞれ桜の花の切り紙に食紅をつけた細長い五色の紙をつけ、台座に立てて奉納される。

画像提供：井永八幡神社

### ⑬御調《みつぎ》八幡宮の花おどり（広島県三原市）

画像提供：三原市教育委員会

四月の祭礼日に、五つの地区が交代で奉納する踊りで、道中厄払いの鬼を先頭に武者行列を組み、道中を囃して神社に至り、踊り子は円形となって、大太鼓・小太鼓・笛・手打鉦《てうちがね》の調子にのって踊り、これに獅子舞がからむ。歴史は古く、元は「雨乞踊り」であったのを、桜花の多い春に地域民一同のレクリエーションとし、同時に名称も「花おどり」と改めたものであろう。地域住民が参加する大規模なおどりで、広島県指定無形民俗文化財である。

### ⑭壬生《みぶ》の花田植　飾り馬（広島県北広島町）

筆者撮影（芸北民俗芸能保存伝承館展示）
画像許可：北広島町教育委員会

中国地方一帯では田植唄を歌いながら大勢で田植を行う民俗行事が残されており、「はやし田」「田ばやし」などと呼ばれ、その歴史は中世に遡るといわれる。田植を行いながら、稲作の平穏と豊穣を祈って「田の神」を祀る稲作儀礼であり、同時に苦しい作業に従事する者の慰安や、当時の農村の数少ない娯楽要素を持つ一大行事であった。これに参加する牛には豪華な花鞍を乗せ、更に「造花」で飾り、代かきを行う。その後太鼓や笛の音にあわせて、着飾った早乙女達が苗を植える。国指定重要無形民俗文化財、ユネスコの無形文化遺産登録となっている。

### ⑮本地の花笠踊り（広島県北広島町）

筆者撮影（芸北民俗芸能保存伝承館展示）
画像許可：北広島町教育委員会

天正年間、吉川元春が南条元続《もとつぐ》の居城を攻略する際、踊り子に扮した兵士を城内に送り込み落城させたことに始まる、とされている。別名「南条踊り」とも呼ばれ、女装した男性が約一・五メートルの竹ひごに和紙の花を飾った花笠を付け、歌、太鼓、鉦《かね》、笛に合わせてゆったりと踊る。広島県指定無形民俗文化財、文化庁の記録作成等の措置を講ずべき無形の民俗文化財に選定されている。

花笠の花

## ⑯八代《やしろ》の花笠踊（山口県周南市）

画像提供：周南観光コンベンション協会

周南市八代は標高三〇〇メートルの中国山地に囲まれた盆地で、このうちの魚切地区に四〇〇年以上前から伝わる踊りである。明治以降、八月二十六日の二所神社の八朔《はっさく》風鎮祭で踊るようになった。祭りの当日、魚切地区の中心にある神社に勢揃いし、先頭の道分けに続いて大花灯篭をおし立て、大締太鼓、はやし方、音頭取りのあとに「花笠」をかぶった踊り子が続き、里人の持つ提灯に守られて踊り隊が二所神社に参詣する。花灯篭や娘踊子の着ける「花笠」が大きくたいへん美しいものとして見物客の目をひく。

国の記録作成等の措置を講ずべき無形の民俗文化財、山口県無形民俗文化財に指定されている。

## ⑰鶴市花傘鉾祭（大分県中津市）

画像提供：中津耶馬渓観光協会

その昔、川堰を完成させるために人柱になったお鶴と市太郎という母子の霊を慰め、また五穀豊穣を願うために始まったお祭りである。色鮮やかに飾られた花傘鉾一九台と御神輿一基が市街一円を囃子にのって行列し、距離にして三〇～四〇キロメートルもの道のりを巡行する、日本一長い巡行の祭りとして有名である。

## ⑱黒丸踊《くろまるおどり》（長崎県大村市）

郡川《こおり》下流域で受け継がれてきた「黒丸踊」「寿古《すこ》踊」「沖田踊」。この三つはいずれも、戦国時代に大村家当主・大村純伊《すみこれ》が七年間の流浪の末、領地を取り戻した時、お祝いに踊られたという伝承の、とても古い祭りである。三つは、「大村の郡三踊《こおりさんおどり》」として国指定重要無形民俗文化財に指定され、それぞれが、記録作成等の措置を講ずべき無形の民俗文化財となっている。黒丸踊は、

画像提供：大村市観光コンベンション協会

大花輪を背負った男性が、太鼓を打ち鳴らしながらゆっくりと回る勇壮な踊りで、巨大な花輪は、直径五メートル、重さ六〇キログラムあり、この大花輪の下に入ると幸福が訪れるとの言い伝えがある。

### ⑲花籠祭り（鳥取県智頭町）

画像提供：智頭町観光協会

花籠祭りは、智頭町のほぼ全域で行われている祭りで、竹ひごに五色の色紙を巻き付けたたくさんの造花を籠にのせ、神社に奉納する。花籠を若者が背負い、町内を練り歩いた後、神社の社殿を一周してから花籠を下す。参拝した氏子たちは、花籠から花を取って家に持ち帰り、厄除け、火災予防のため家の屋根に投げ上げる。

## （二）祭り花の原型

以上日本国内にある様々な祭り花を紹介した。近世以前に起源を持つ古い形態もあれば、近代以降に花を用いるように変化したものもあり、また、背負うもの、手に持つもの、馬に載せるもの、山車の上に飾るものなど、様々な形態がある。

この祭り花の原型は、平安時代以前にまで遡る「京都葵祭の傘鉾」が最も古い形態だと考えられている（『京都市史』・『高岡市史料集』など）。

さらに、奉納後に花を持ち帰る、あるいは花の下に入るなどの行為が多く見られ、五穀豊穣・家内安全・悪疫退散・虫除けなど共通した祈願を有していることが分かる。

京都葵祭の傘鉾
画像提供：kyoto-design.jp

## 三　島根の祭り花

### （一）祭り花の分布

続いて島根県内の祭り花を紹介したい。まず改めて分布状況を見てみる（図１）。これは、山口覚氏の調査（昭和五十三年）の分布図で、先述したように県の中央部、出雲西部から石見東部にかけて濃密に分布している。このとき祭り花は、一〇〇近くが確認されているが、現在では大幅に減少している。例えば、一〇か所あった雲南市域では、一か所（生山《いきやま》神社）しか現存していない。一方、出雲市内ではかつて存在していなかったが、近傍の神事華に影響を受け、近年新たに始まったところも見られる（湖陵町・三部八幡宮、阿禰《あね》神社など）。しかし、全体的には大幅にその数が減少していることは確かであり、地域の伝統文化を考える上でも大きな問題となっている。

### （二）島根の祭り花

それでは、県内の主な祭り花を紹介していこう。

**①縄久利《なわくり》神社　花傘神事（安来市広瀬町東比田）**

中国地方一円の畜産農家から信心を集めていて、出雲東部域で唯一の傘鉾の大祭が行われる。四月二十四日に行われる花傘神事は、各地区から造花を取りつけた「花傘」が集まり、これを倒し造花を奪い取るという壮観なもので、持ち帰った花は牛馬安全のお守りにする。

画像提供：安来市観光協会

**②生山《いきやま》神社　花傘（雲南市大東町上久野）**

手作りの花傘と船屋台を奉納し、豊作や家内安全を祈る「花傘船屋台奉納祭」が大東町上久野地区にある生山神社本宮の鎌倉神社で行われる。この奉納祭は元々、牛馬の安全多産を祈願する祭り

画像提供：勝部茂徳氏

であったとされている。九〇〇年以上前に始まり、現在雲南市の無形民俗文化財に指定され、五年に一度行われている。花傘は上下二段のもので、境内に三基が出そろうと神事の後、花傘同士をからませ激しくぶつけ合う。参拝者は落ちた小花を拾って持ち帰り、無病息災を願う。

### ③赤穴八幡宮例祭　花（飯南町赤名）

画像提供：飯南町観光協会

例祭は、十一月一日～三日まで続き、猿田彦・獅子頭・祭り花・楽打ち・御神輿の順で行列する。祭り花は上下二段の構成となっている。平安期、赤穴荘が石清水八幡宮の荘園となり、社領鎮守として赤穴別宮が置かれ、その後、豪族赤穴氏が一四世紀に宇佐八幡宮の分霊を合祀した。

### ④大島神社例大祭　花（江津市黒松）

沖合二キロメートルにある大島の本殿に祀ってある市《いち》杵島《きしま》姫命《ひめのみこと》を黒松海岸にある仮殿に迎える海上渡御祭で、一八〇年以上の昔から続いている。夕方、神輿を乗せた御座船が、大漁旗や色とりどりの電灯を灯した八～一〇隻の漁船を伴って港を出発し、御霊代を大島の本殿から神輿に奉遷して浜に迎えた後、祭礼が行われる。この仮殿前や道々に短冊状の「花」が立てられる。

画像提供：黒松地域コミュニティ交流センター

### ⑤長浜八朔《はっさく》花まつり（浜田市長浜）

江戸時代から伝わる八朔花祭りは、火防神社の境内の竹を盗んだ若者が病気になり、それを祭神の祟《たた》りだと恐れた住民が、造花を捧げて鎮めたのが由来といわれている。はじめは社前だ

画像提供：浜田市観光協会

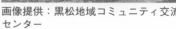

けだった造花が、次第に町内の軒先に飾られ、火難除けのおまじないとして定着した。祭りは八月最終日曜日に行われ、午後六時の煙火を合図に、飾られた献花を自由に持ち帰ることができる。

### ⑥賀茂神社次《じ》の日まつり　傘鉾（邑南町阿須那）

画像提供：邑南町観光協会

京都葵祭の流れをくむとされ、約六五〇年前から伝わる祭り。初日の「傘鉾の奉納」では、直径約三・五メートル、高さ五メートル、重さ四〇～五〇キログラムの、色とりどりな短冊が吊るされた絢爛豪華な傘鉾を氏子たちが掲げ、掛け声を掛けながら町内を駆け抜ける。道幅いっぱいの傘鉾が路地を行き来する様は迫力がある。

### ⑦松尾山八幡宮例大祭（美郷町都賀本郷）

画像提供：美郷町観光協会

伝承によれば、元亀二（一五七一）年当地の城主らが宇佐八幡宮より勧請したと伝わる。祭日は十月三日で、薄い色和紙をバラの花のようにした六色の紙花で傘を飾る。八本の垂れ竹に六本の横竹を固定し、頂には米俵を置き五穀豊穣を祈る。

## （三）出雲の祭り花

次に出雲市内の祭り花、神事花を紹介していこう。

画像提供：大津コミュニティセンター

### ①三谷神社例大祭　祭り花（出雲市大津町）

中世に紀州熊野から権現宮を勧請してきた。祭り花は八色を重ねたきれいな紙花で、一本の垂れ竹に約一三個付け、三〇

～四〇本の垂れ竹からなる大きなものである。社殿は日本最大級の四隅突出型墳丘墓、西谷九号墓の頂上に建つ。例大祭で舞われる投げ獅子舞は、島根県指定無形民俗文化財である。

**②宇賀神社例大祭　神事花（出雲市口宇賀町）**

画像提供：高橋正義氏

本殿は、天保十一（一八四〇）年の建立と古く、かつ心御柱を有する、大社造の中でも極めて貴重な建築物である。神事花は十月の例大祭に、県指定無形民俗文化財宇賀神社の獅子舞とともに奉納されている。比較的小振りで、五色の紙花を一〇個付け、一八～二〇本の垂れ竹とする。祭りでは、頭屋宅へ神の分霊をお迎えし、神社に向かう。社殿をひと回りした後に倒されると人々が花を取り合う。

**③市森神社例大祭　神事花（出雲市稗原町）**

直径三メートル、高さ五メートルの大きな神事花で、三二本の割竹を芯竹に巻き、垂れ竹とし、一本に一七個の紙花を付ける。町内を巡り、神社へ到着すると、お祓いを受けた後に本殿を三周する。その後、昔は先を争って花を取り合っていたが、危険を伴うので改められ、今はくじ引きで参拝者に配っている。出雲市指定無形民俗文化財に指定されている。

画像提供：稗原コミュニティセンター

**④須佐神社切明《きりあけ》神事　神事花（出雲市佐田町須佐）**

画像提供：出雲市文化財課

毎年八月十五日に行われる非常に古い形態を残している神事で、念仏踊りは島根県指定無形民俗文化財に指定されている。高さ五メートル、上段約二・四メートルの枝を二八本、下段約三・三メートルの枝を三五本、計六五

○個の桜の造花と短冊を付け飾る。念仏踊りと合わせ、神仏習合の名残とされ、最後に花を倒すと人々が争って花枝を奪い合う。持ち帰って田畑に挿すと虫除けになると言われている。

**⑤国村神社例大祭　神事花（出雲市多伎町久村）**

画像提供：多伎コミュニティセンター

三つの地域が交代で神事花を作り奉納する。割竹で巨大な傘を作り、色紙の造花を付けるのは他と同じである。久村町地区と向地区は、花台に土俵《つちだわら》を用い四方から竹竿で支えながら練り歩き、上ゲ地区は櫓に立てて練り歩く。同じ祭礼であって異なる形態の支え台で巡行するのは珍しい。

**⑥多伎藝《たきき》神社例大祭　花馬《はなんば》（出雲市多伎町口田儀）**

ここの祭り花は、「花馬（はなんば）」と呼ばれていることが大きな特徴。十月十九日の例祭で、田植囃・花馬・獅子舞・神楽が行われる。花台が四本と四本の杉丸太で組んだ四足の形から「花馬」と呼ばれるようになった。釘を一切使わずすべて紐縄で縛り、練り歩く際も担がず、馬のごとく押し引いて移動する。

画像提供：花馬保存会

**⑦彌久賀《みくが》神社例大祭　神事華（出雲市湖陵町大池）**

『出雲国風土記』『延喜式』に記載のある古社で、国引き神話の引き綱の位置にある「美久我林《みくがのはやし》」にあたる。十月後半に御幸《みゆき》神事が行われ、神事華・猿田彦・獅子・笛・太鼓・社名職・大幣串・大榊・神輿・神職・大榊・賽銭・御神酒・供物・宝船・白幣串と続く、壮大な巡行である。神事華は現在一基で、町内を巡った後神社境内で倒され、参

画像提供：大池区

拝者が競って花を折り持ち帰る。無病息災、家内安全に良いとされる。

**⑧板津荒神社例大祭　神事華（出雲市湖陵町板津）**

画像提供：葛西浩二氏

勧請年月は不詳であるが、『雲陽誌』に「荒神民家の東、砂上に鎮座なり」と記され、松の木三本を三神の御神体として幣串を備えて祀っていたとされる。氏子は多くはないが、近年若者が集い、神事華の祭りが華々しさを増してきている。

## 四　佐志武神社

佐志武神社のある出雲市湖陵町差海は、『出雲国風土記』に載る「神門水海《かんどのみずうみ》」の名残である神西湖《じんざいこ》の北西に位置し、日本海に面する砂丘地帯である。そのため水田はなく、砂地を利用したサツマイモ等の栽培や海・湖での漁業が行われ、以前は関西や九州などへの出稼ぎで生計を立てていた地域である。佐志武神社は、差海地区のほぼ中央にあり、標高約三五メートルの比較的高い砂丘陵上にある。『出雲国風土記』に「佐志牟社」、『延喜式』に「佐志武神社」と載る古社である。御祭神は、武御雷神《たけみかずちのかみ》と経津主神《ふつぬしのかみ》で、社伝によると「武御雷神と経津主神は、天照大御神の命により、国土禅譲を大国主命にうかがおうとして須々美《すすみ》（進み）降《お》り玉《たま》ひし地なるをもって須々牟《すすむ》というべきを、後世佐志牟《さしむ》と言えるなり」と伝えられている。

佐志武神社本殿

平成二十七～二十八年度（二〇一五～二〇一六）に出雲市と独立行政法人国立文化財機構奈良文化財研究所が合同で行った神社建造物調査によれば、佐志武神社本殿は、側面二間、背面二間の切妻造、妻入で、出雲地方特有の大社造である。前面には社殿より幅の狭い階隠《はしかくし》（階段）を付している。柱や組物など主要な部分の部材は、ケヤキ材が用いられており、他の部分はマツ材を使用している。屋根は柿《こけら》葺きで、市内の神社の九割以上が銅板

下軒付の細工積

葺きである中にあって極めて貴重な社殿である。ちなみに、国宝に指定されている出雲大社本殿ほか重要文化財・島根県指定文化財の摂末社の諸社殿や、同じく重要文化財である日御碕神社の社殿群、そして県指定文化財である須佐神社本殿（佐田町須佐）を除いた神社で、檜皮《ひわだ》葺きや柿葺きなどの植物性の屋根を有するのは、朝山八幡宮（松寄下町）・長浜神社（西園町）・鰐淵寺摩陀羅《まだら》神社（別所町）・彌久賀神社（湖陵町大池）とこの佐志武神社の五社しかない。

また、彫刻などの装飾が豊富で、屋根下部の下軒付《のきづけ》を非常に手の込んだ細工積とするなど、こだわりを持った宮大工の手による建築であることが分かる。建築年代は、明治前期とみられるが、非常に高さのある建物で、大社造の復古的な様相も見て取れる貴重な社殿建築物である（奈良文化財研究所編『出雲市内神社建造物調査報告書』二〇一八）。

## 五　佐志武神社奉納神事華

佐志武神社の例大祭は、三年前までは、毎年十月十八・十九日の両日に固定されていたが、現在は十月の第三土・日曜日に変更されている。

古い言い伝えによれば、桃山時代から始まったとされ約四〇〇年間伝承されているとしているが、詳しい記録が残っていないためその起源は定かでない。神社の例大祭に合わせ、氏神の御心を慰め、五穀豊穣・家内安全・無病息災を願って奉納されている点は、他の祭り花と同じものである。

神事華は、直径約一八センチの金・紺・赤・銀・緑の色紙製の「華」を一四～一七個並べて付けて一本の垂れ竹とし、その垂れ竹を七〇～八〇本垂下させ、大きな傘状にしたものである。よって、色紙製の華は、全部で一〇〇〇個を超えることになる。神事華は、直径約五・五メートル、高さ約五メートル、重さ約二〇〇キログラムもあり、男衆が約二〇人で支え、木遣り唄を歌いながら町内を練り歩き、最後佐志武神社に奉納する。

この大きな神事華は、毎年手作りされるのだが、制作

表１　平成30年度佐志武神社奉納神事華　日程表

| 月　日 | 作業内容 | 時　間 | 必要人数 | 賄い担当 |
|---|---|---|---|---|
| ９月８日（土） | 華宿開き | 午後８時〜 | 手伝って<br>頂ける方全員 | − |
| ９月10日（月） | 華宿にて華折り<br>その他準備 | 午後７時30分〜 | 手伝って<br>頂ける方全員 | − |
| ９月23日（日） | 竹取り | 午前８時集合<br>（雨天決行） | 男　全員<br>女　− | − |
| ９月30日（日） | わらたたき<br>化粧縄作り<br>スボワラはかまとり<br>その他準備 | 午前８時集合<br>（雨天決行） | 男　全員<br>女　15名程度 | 西 |
| 10月２日（火） | 竹割り | 午前８時集合<br>（雨天決行） | 男　10名程度<br>女　若干名 | − |
| 10月７日（日） | スボがらみ | 午前８時集合<br>（雨天決行） | 男　全員<br>女　15名程度 | 東 |
| 10月14日（日） | 華起こし | 午前８時集合<br>（雨天決行） | 男　全員<br>女　15名程度 | 南 |
| 10月20日（土） | 華付け<br>神社奉納 | 午前６時30分集合<br>（雨天決行） | 男　全員<br>女　15名程度 | ３自治会 |
| 10月21日（日） | 神社奉納 | 午後１時集合<br>（雨天決行） | 男　全員<br>女　15名程度 | ３自治会 |
| 10月28日（日） | 片付け | 午前９時集合 | 全員 | − |

には一か月半を要する。平成三十年に行われた制作日程表を掲げてみる（表1）。九月八日に華を作る会場の準備から始まり、該当する地区民全員が関わりながら、まず華折りを行う（①一つの華）。九月二十三日には、神事華の芯や傘を成す竹を男性全員で取りに行く。翌週、竹をつないだり化粧したりするためのワラを用意し、縄編みを行う（②化粧縄編み）。十月二日には、竹を割って、芯や傘にする準備を行う（③竹割り）。次に、割った竹を傘状にするために編み、また芯と傘となる竹をつなげる（④スボがらみ）。芯にはワラで編み込んだ化粧縄を巻き付ける。十月十四日、出発地点となる広場に杭を立て、そこに作り上げてきた神事華を固定する（⑤華起こし）。十月二十日、祭り当日、早朝から華を垂れ竹に並べ付けていき（⑥華付け）、神事華は完成する。

そして、白ハダコを身に着けた男衆約三〇人が、木遣り唄を歌って、練り歩きをはじめる。芯棒を持つ者が二人、芯上部に取り付けた棒竹を九〜一〇本で別の者が支え、人力のみで持ち上げ、練り歩いていく。棒竹も一〜二人の男が必要で、計約二〇人が一つの神事華を支えていることになる。重く、バランスを取ることが難しいため、芯持ちや棒竹持ちの代替者も必要であり、先導する

①一つの華

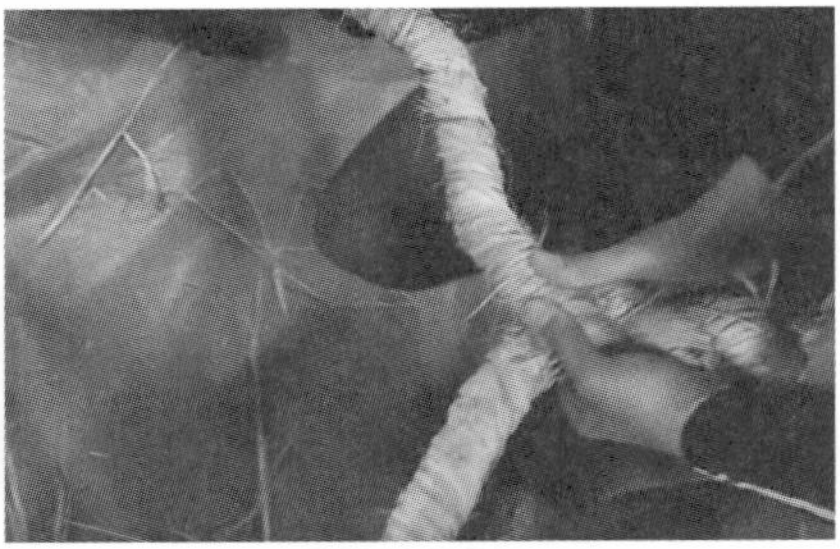
②化粧縄編み

③竹割り

④スボがらみ

者や途中で障害になる電線等を避ける役目の者などもいる（⑦電線回避）。

道中では女衆が、酒やつまみを振る舞い、男衆はそれを酌み交わし、町内を練り歩く。かつては、七～八基もの神事華が奉納されたようであるが、近年は四基くらいが出揃う。区の代表として出す大華《おおばな》は、ひときわ大きく立派な神事華で、毎年各地区が交代で制作する一基である。その他は若者などの有志で独自に出す華である。巡行した神事華は、最後に神社石段下の道路に集まり、各々の華で囃子唄が披露される（⑧神社前集結）。

⑤華起こし

⑥華付け

その後、拝殿前で神事舞を奉納し神職のお祓いを受ける。それから神事華を担ぎ、石段を駆け上がって本殿横の境内に入り、すべての神事華が集結すると、木遣り唄を競って歌う。そして、神事華の頂上部に「屋形」と呼ぶ小さな木製の祠を取り付ける（⑨神事華頂上の屋形）。この中には二体の人形が入っており、下まで延びている綱を使って操るカラクリ人形である。この屋形は、大華しか設置されず、華が神社へ奉納され、宮司からお祓いを受けた後に本殿の縁から取り付けられるため、神が降臨する依り代としての役目を持つものと考えられている。初日は神事華を境内に立てておき一晩置く。翌日、午後から氏子は境内に集合、そして次々と観客が集まってくる。この時の一つの楽しみは、神事華頂上部に登った男衆がお菓子や各種景品を撒くことで（⑩菓子撒き）、子どもたちや女性たちが華の下に陣取り、撒かれた物とともに右に左に大きく人の波が揺れる。こうして興奮の度合いの高まった境内では、いよいよ最後を迎える。「華倒し」である。

固定されていた華の縄と垂れ竹同士をつなげていた糸を外し、男衆は木遣り唄を歌って盛り上げる。抽選に

⑦電線回避

⑧神社前集結

⑨神事華頂上の屋形

⑩菓子撒き

⑪華倒し、そして垂れ竹に殺到する観客

※佐志武神社奉納神事華の画像提供は、全て葛西浩二氏

よって倒す順番が決められ、担がれた神事華は社殿を何周か廻った後に、豪快に倒されていく。華が倒れた瞬間、観客が華に殺到し、垂れ竹をもぎ取っていく（⑪華倒し、殺到する観客）。この垂れ竹を家に持ち帰り、家の鴨居や床の間に置き、五穀豊穣、無病息災、家内安全といった家の御守りにする。

## 六　佐志武神社奉納神事華の意義

この祭りの特徴を社会学的にあぶり出した論考が平成元（一九八九）年に鈴木岩弓東北大学教授（島根大学赴任時）によって示されている。昭和六十二～六十三（一九八七～一九八八）年にかけて神事華の制作から帯同、調査された成果である（「差海の「神事華」―神社の祭りにおける「祭礼」の意味―」島根大学山陰地域研究総合センター『山陰地域研究（伝統文化）第五号』）。

この中で鈴木氏は、「『祭礼』が『神事』を食ってしまうという現象の最も特徴的なものが現れているのではないか」と述べておられる。つまり、佐志武神社への奉納「神事」と称しながら、地域の氏子、観客の関心は「華」に集約されており、神が降り、依り代と化した「華」を取り合うのである。「祭礼」が「神事」の実質的な機能を果たしているのであると指摘する。さらに鈴木氏は、差海地区へ婿入りした男性がこの神事華という祭りを通して地域構成員として認められ、つまり地域に受け入れられ、なじんでいく過程が見て取れる。社会化機能としての祭りの重要度が極めて高いと述べる。今では、婿入りした男性だけでなく、新たに差海に住むことになった家族みんなが、この祭りに参加し、地域に溶け込んでいっている。現在、全国的に観光化した祭りが多くなり、有名になるにしたがって、本来の姿である「地域の紐帯の要」「地域社会の活性化」「他人との関係性の醸成」などを作り出す機能が失われつつある。佐志武神社奉納神事華は、本来の姿、機能をそのまま残し、むしろそれを中心にして行われている。このことこそが、この祭りの最大の意義であり、最も重要な点であると考えられる。

ではなぜ、県内の祭り花は減少してきているのか。地域の人口減少ももちろん原因の一つであろう。加えて、差海の場合、神事華の制作には一か月半もの時間がかかっているわけだが、この膨大な時間と労力がかかることも原因の一つと考えられる。日程からも分かるように、毎週土・日、また平日も出て神事華を完成させなければならず、近年の目まぐるしい生活の中で祭りに費やす時間、労力は半端なく大変なことである。しかし、大変であるがゆえに地域の人々が力を合わせ同じ目的で作業をし、昔から伝わる祭りを成功させた時の達成感は格別であろう。また、祭りの後の直会《なおらい》（酒宴）によっていっそう一体感が増していく。地域全体でひとつになって、みんなで一緒に楽しもうという意識が浸透しているからこそ、労力をいとわず、継続していくことが可能となるのであろう。他の地域でも祭りの本質を今一度共有し、是非とも継承していってほしいと願うばかりである。

平成十（一九九八）年に、神事華についてお伺いするため、鈴木岩弓氏と手紙のやり取りを行った。この手紙に記されていた文言を最後の言葉として絞めくくりたい。「（佐志武神社奉納神事は）国内の多くの祭りを見てきた中で恐らく最上位に属するといっても良い、非常に良い雰囲気の祭りであった。」

**【注記】**

注：山口覚氏の図を一部改変した。山口氏は、次のように花の構造で分類している。

「桜」直径一五センチ程度の五弁の桜の花を付したもの。古い形態とされている。

「短冊」元々桜を付した傘の下に吊るしており、桜と併用するものが多い。短冊だけに変化したところもある。

「柳」短冊の横にはさみを入れて櫛状にしたもの。

「折り菊」出雲西部に分布。作り方が意外と簡単で、出来上がりが美しい。

「ケシ」縄久利神社だけに見られるもの。少し長めの球形の花。たいへん古い歴史がある。

**【参考文献】**

本文内で出典を明示したもの以外の参考文献は次のと

おりである。

文化庁監修『日本民俗芸能事典』（第一法規出版）一九七六年
文化庁「国指定等文化財データベース」文化庁ＨＰ
全日本郷土芸能協会編『日本の祭り文化事典』（東京書籍）二〇〇六年
太田直行『島根民藝録・出雲新風土記』（冬夏書房）一九八七年
勝部正効『花と神の祭』（慶友社）一九九九年
島根県『祭礼行事・島根県』（桜楓社）一九九一年
島根県教育委員会『島根の祭り・行事』（報光社）二〇〇〇年
野坂俊之「佐志武神社奉納神事華」『大社の史話』第一七六号（大社史話会）二〇一三年
稗原自治協会『稗原郷土史』一九八五年
国富公民館『国富郷土誌』一九九七年
佐田町教育委員会『佐田町史』一九七六年
羽須美村『羽須美村誌（下巻）』一九八八年
大和村教育委員会『大和村誌（下巻）』一九八一年
赤来町『赤来町史』一九七二年
多伎町役場『多伎町ふるさと事典』二〇〇五年
大津町史刊行委員会『出雲市大津町史』一九九三年
湖陵町誌編纂委員会『湖陵町誌』（湖陵町）二〇〇〇年

〔付記〕

本稿作成にあたり写真提供をはじめ祭りの概要等についてお世話になった方々は、画像提供のところに記した。ここに改めて感謝申しあげる。

# 五穀豊穣を祈願する水上渡御祭ホーランエンヤ

……安部 登

**あべ・のぼる**
昭和五年島根県奥出雲町生。昭和二十九年島根大学教育学部卒業・県内の国公立小中学校勤務。平成三年松江市教育委員会勤務。平成六年鹿島町立恵曇公民館長。平成七年鹿島町教育委員会教育長。平成十七年松江郷土館館長。現在、NPO法人松江ツーリズム研究会副理事長。
【編著書】
『島根県教育研究会三十年史』『松江の堀川』『島根県社会科教育実践史』『島根大学附属中学校五十年史』『島根大学社会科研究室五十年史』『新編鹿島町誌』『貴船神社誌』

ホーランエンヤの概要
城山稲荷神社の御神霊を、阿太加夜神社に迎えて祈願する神幸祭は、慶安元（一六四八）年に始まった。また、神幸船の曳き船（櫂伝馬船）は文化五（一八〇八）年に馬潟地区が担当し、以後、矢田、大井、福富、大海崎の地区が順次参加して、今日のホーランエンヤの体制は整った。

## はじめに

ホーランエンヤは、松江城内に鎮座する城山稲荷神社の御神霊を、およそ一〇キロ離れている八束郡（現松江市）東出雲町出雲郷《あだかえ》の阿太加夜《あだかや》神社に船で運び、一週間にわたって豊作や繁栄を祈り、再び城山稲荷神社に帰る祭礼である。この船神事を正式には「松江城山稲荷神社式年神幸祭」と呼ぶ。江戸期には一〇年ごとに行われていたが、明治以降は一二年ごとに改められた。

ホーランエンヤは、厳島の管弦祭、大阪の天満《てんま》天神祭とともに、日本の三大船神事の一つに数えられている。

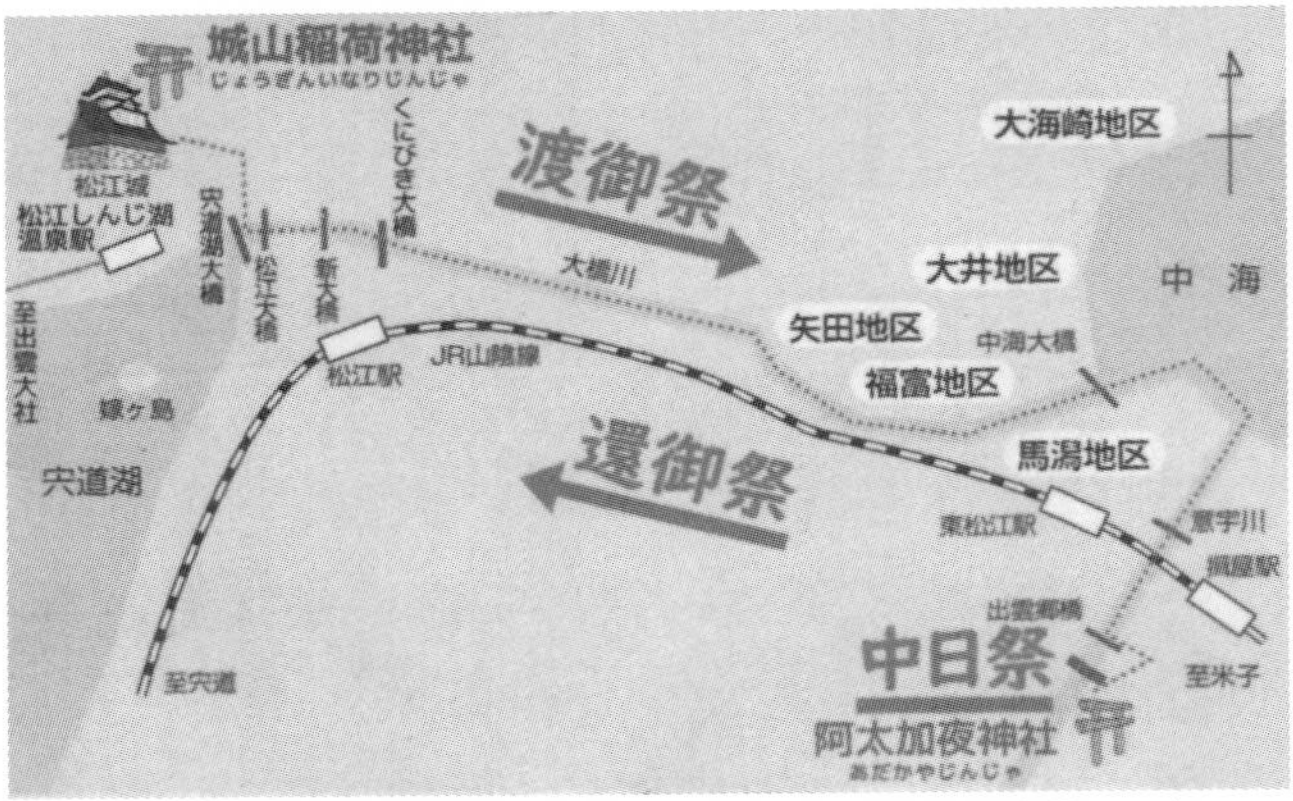

ホーランエンヤの順路（ホーランエンヤ2019写真集より）

## 一　ホーランエンヤの由来

### （一）五穀豊穣を祈念する神幸祭

神幸祭の起源について、『御城内稲荷御社御神供料宝記』（弘化四〈一八四七〉年）は、次のように記している。

直政公この国のつかさとなり、お国に入りたまいけるに、十年に当たれる年、わけて雨風時ならず、五穀豊かならざりしかば、仰せごとありて、御城内正一位稲荷大明神を芦高《あしたか》神社に勧請し奉り、国のうち風雨順時して、五穀の稔り豊かならん事の祈祷をなすべしとのたまう。しかしより以来十年の星霜《せいそう》をふるごとに、国御大守御武運長久にして、御寿も松柏《しょうはく》に論じたまい、御子孫なお芦の泥より生い出るが如く根ざし深くましまして、末繁り栄えたまいて、五穀よく稔り、諸々の蒼生《そうせい》に至るまで思わざるの災いなく、世のやすく穏やかにありなむ事を祈祷もうす。（訳述）

この資料は、翌年の嘉永元（一八四八）年に挙行される神幸祭に対して、出雲十郡に発送した寄付募集の趣意書である。

### （二）松平直政の厚い稲荷信仰

寛永十五（一六三八）年に松江藩主となった松平直政

は、翌年、城内の若宮八幡社の境内に仮の宮を建てて稲荷神を祀り、社司に芦高神社（阿太加夜神社）の神主、松岡兵庫頭《かみ》を任じた。さらに万治二（一六五九）年、稲荷神社の社殿を造営し若宮八幡を合祀した。

### （三）松江城と芦高神社の関係

慶長十二（一六〇七）年から始まった松江城本丸の石垣工事のとき、石垣が何度も崩壊した。そこで、効験《こうけん》の誉れがある芦高神社の神主、松岡兵庫頭が現地で二夜三日の祈祷で調伏《ちょうぶく》したところ、石垣は無事に竣成した。その功により、兵庫頭は松江城の神主職を兼ねることになり、毎月二十八日が祭日と定められた。やがて、本丸の天守閣の近くに祈祷櫓（荒神櫓）が建てられた。

### （四）ホーランエンヤの詞《ことば》

もとは櫂《かい》を漕ぐときに、調子を合わせる「掛け合い」の詞であったと思われるが、神幸祭が五穀豊穣等を祈る祭りであったことから、ホーランエンヤは目出度い詞にもなった。「稲の穂の蘭《らん》の花の如く善く稔り」（『櫂天間紀元取調事項』）とか、「繁り栄へ玉ひて五穀よく稔り」（『御神供料宝記』）などとあるように、豊年、弥栄《いやさか》、繁栄などを祈願した。それが「豊来栄弥」「宝来遠弥」などの詞にもなった。

## 二　曳《ひ》き船と踊りの由来

### （一）曳き船（櫂伝馬船《かいでんません》）の始まり

文化五（一八〇八）年四月の神幸祭のとき、馬潟《まかた》沖で神幸船が風浪のため危険な状態になった。これを見た馬潟の漁師が船を出して援助し、芦高神社へ無事に案内した。このため次回の神幸祭から曳き船をつけることになり、五地区が順次曳き船役を承ることになった。これを略年表で示すと次の通りである。

文化五（一八〇八）年　馬潟地区
文政元（一八一八）年　矢田地区
文政十一（一八二八）年　大井地区
天保九（一八三八）年　福富地区
嘉永元（一八四八）年　大海崎《おおみざき》地区

最初は「船を曳く」ことが唯一の目的であったが、やがて「櫂伝馬踊り」を兼ねるようになった。さらに後世になると、曳くことを目的とする船と、踊りを目的とする船とに分化した。

## （二）踊りの伝承

加賀《かが》（現松江市島根町）の永徳丸の船頭重蔵が、新潟に寄港中、同地で流行していた櫂踊りを習い覚えてきたという話を聞き伝えた馬潟の漁師たちは、弘化四（一八四七）年に重蔵を招いて、その踊りの伝習を受け、剣櫂《けんがい》は後藤幸太郎、采振《ざいふ》りは角《すみ》武次郎が覚えて練習を積み、嘉永元（一八四八）年四月の神幸祭から用いることになった。剣櫂踊りは男装して舳先《へさき》に立ち、采振りは女装して艫《とも》で踊り、大変な人気を博した（『櫂天間紀元取調事項』）。

剣櫂踊り

采振り

同年、矢田地区でも習うことになり、北山山脈を越えて、駕籠《かご》で重蔵を迎え入れ、その踊りの伝習を受け、櫂踊りは松浦兵衛門、采振りは松浦伝左衛門が引き受け、兵衛門は男装して舳先に、伝左衛門は女装して艫に立って踊り、絢爛《けんらん》目をうばうほどであった（『朝酌郷土誌』）。櫂伝馬を担当する村々では、安政六（一八五九）年に行われる神幸祭をめざして着々と準備を進めていった。

このようにして、現在の華やかなホーランエンヤの踊りや船行列の原型は、このころ出来上がっていったと考えられる。

# 三　神幸祭

## （一）渡御祭《とぎょさい》

城山稲荷神社の御神霊を阿太加夜神社までお運びする船渡御祭である。

昭和三十三（一九五八）年までは城山の堀川経由であったが、その後、水深が浅く通過できなくなったため、昭和四十四（一九六九）年からは市内を陸行列した後、松江大橋北詰で新造の御座船に移されることになった。

船行列は、鼻曳船を先頭に、清目《きよめ》船、櫂伝馬船、神器船、神輿《みこし》船、神能船、両神社氏子船などが連なり、延々一キロに及ぶ大船団である。馬潟・矢田・大井・福富・大海崎の櫂伝馬船は、正一位稲荷大明神の大幟《のぼり》を立て、船の中央には金色に輝く宝珠をしつらえ、そこから五色の吹き流しを大きく風になびかせ、「ホーランエンヤ」とはやしながら、賑やかに漕ぎ進む。

宍道湖の櫂伝馬船

大橋川に還ってきた船行列

五隻の櫂伝馬船には、はやし手や踊り手が美しい揃いの衣裳で乗り込んでおり、なかでも舳先に立ち剣櫂をとって舞う百目《ひゃくめ》かつらの男役と、艫で紅白の布の采《ざい》を振って舞うあでやかな女形は、豪華で観衆の目をひきつける。

こうして、船団は大橋川から中海へと進み、意宇《いう》川をさかのぼって、夕刻、阿太加夜神社へ着き、神輿《みこし》が安置されて、初日の行事は終わった。

### （二）中日祭《ちゅうにちさい》

神幸祭の中日に、阿太加夜神社でおこなわれる祭りである。

五地区による櫂伝馬船の乗り手が、出雲郷《あだかえ》橋から車輪の付いた陸船に乗り換え、踊りを披露しながら参道を進み、境内で櫂伝馬踊りを奉納した。

### （三）還御祭《かんぎょさい》

御神霊が再び城山稲荷神社にお帰りになる船渡御祭である。

渡御祭とは逆の経路をたどり、城山稲荷神社に帰った。境内では五地区がそれぞれに櫂伝馬踊りを奉納し、九日間にわたる神幸祭は終わった。

## おわりに

令和最初のホーランエンヤは、五月十八日に渡御祭、二十二日に中日祭、二十六日に還御祭が行われた。全体の人出は三八五、〇〇〇人で、前回（平成二十一年）を二万人上回った。ホーランエンヤの経済波及効果は、三八億二〇〇〇万円と発表された。

三七〇年の伝統を受け継いできたホーランエンヤが、益々繁栄することを祈りたい。

## 【参考文献】

石村春荘他編『松江の民俗芸能』松江市郷土芸能文化保護育成協議会　昭和五十一年
速水保孝著『出雲祭事記』講談社　昭和五十五年
松江市郷土芸能文化保護育成協議会編『松江のホーランエンヤ』松江市教育委員会　平成三年
川本貢功編『神祭櫂踊』伝統ホーランエンヤ協賛会　平成九年
野津　龍著『日本三大船神事ホーランエンヤ』山陰中央新報社　平成二十一年
山陰中央新報社編『二〇〇九　ホーランエンヤ感動記録集』山陰中央新報社　平成二十一年
山陰中央新報社編『令和元年（二〇一九）ホーランエンヤ感動記録写真集』山陰中央新報社　令和元年
今井出版編『ホーランエンヤ　二〇一九写真集』今井印刷株式会社　令和元年

# 第5章

# 神々に五穀豊穣を報告・感謝する神事

# ヨメノイ（嫁の飯）神事考

中野洋平

島根半島の多くの集落では当屋制に基づく氏神祭祀が行われており、秋の祭礼に合わせて当屋交代儀礼も実施していた。旧島根郡の集落のなかには加えて当屋祭りを実施する場合もあり、その一つに、ヨメノイ神事があった。この神事は、爺が婆に飯（嫁の飯）を催促する滑稽な演出で新穀を氏神に献じる献饌儀礼であり、出雲地方に定着していた田遊びから着想を得て江戸時代以降に始まったと考えられる。

なかの・ようへい
一九八〇年、長野県生まれ。総合研究大学院大学文化科学研究科博士後期課程修了。博士（学術）。島根大学講師を経て、島根県立大学人間文化学部講師。専門は民俗学、地域史。主な著作に「加賀旧潜戸における賽の河原霊場形成に関する一考察」（『山陰民俗研究』24）、『新・民俗学を学ぶ―現代を知るために』（共著、昭和堂）など多数。

## はじめに

ヨメノイ神事は、かつて松江市鹿島町手結《たゆ》、同市島根町瀬崎《せざき》、同市美保関町森山《もりやま》という島根半島東部の集落に伝承されていたが途絶または縮小し、現在、完全な神事は美保関町下宇部尾《しもうべお》の横田神社で行われるのみである。本稿ではこの神事について考えてみたい。神事は集落によって「よめのえ」「よめのい」「はんぼかべり」等と呼称が異なるため、ここではヨメノイ神事と総称しておく。

ヨメノイは嫁の飯という意である。秋、氏神の祭礼に合わせて行われる神事で、爺と婆に扮した神職が、ヨメノイと呼ばれる飯を飯櫃《めしびつ》に入れて女性の頭上に載せ、女性を左右に何度も回転させる。飯櫃を「ハンボ」とも言い、ハンボをかぶるのでハンボカベリだ。

この印象的な神事については、二十世紀初頭からいくつかの調査報告が記されている。しかし、なぜ神事が行われるのか、なぜそのような内容であるのか、詳しい分析と評価は少ない。唯一、山陰民俗学の泰斗である石塚尊俊が、若かりし頃の昭和十七（一九四二）年に、瀬崎の事例を調査し次のように述べている。「神職が来臨の

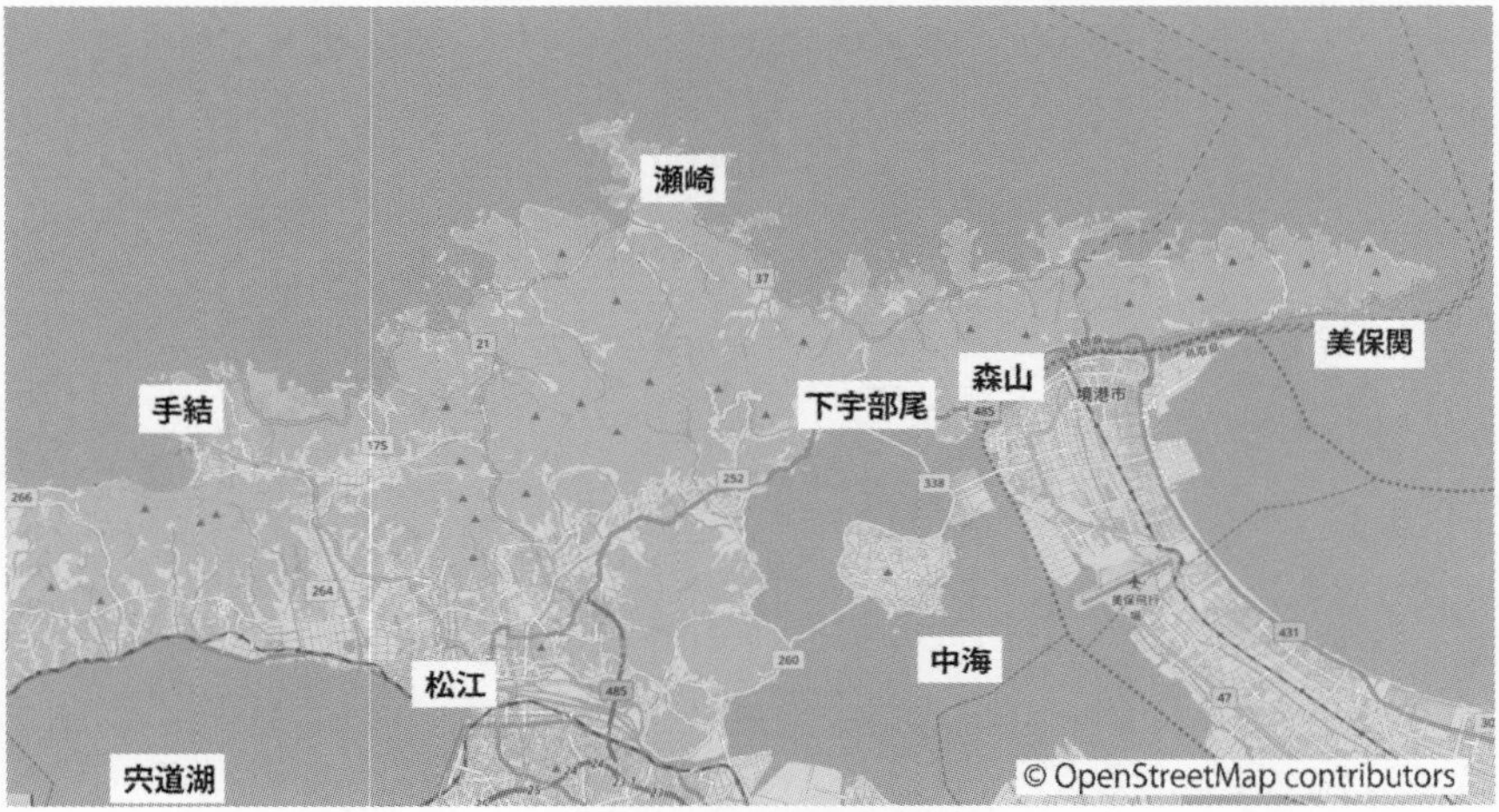

ヨメノイ神事関係地図

神自体で、頭屋の刀自がそれを待ち設ける巫女であり、而してその翁媼二体の神人によって、豊作及び豊漁の予祝が行はれる」[1]。この考えは昭和三十四（一九五九）年の論考で改めて①ヨメノイ神事は豊作を祈る予祝儀礼であること、②女性が関与しているのは女性中心祭祀の残滓《ざんし》であること、とまとめられている[2]。

石塚の評価は、その後未検証のまま現在まで引き継がれている。特に②はかつての民俗学にありがちな固有信仰論に基づくものであり、ヨメノイ神事を「芸能以前」の古態を残した神事と他の研究者に言わしめるほど影響を与えている[3]。

本稿は石塚と異なる評価を行うもので、前半に事例を載せ、後半で詳しく論じたい。なお、紙幅の関係から事例の詳細を逐一載せることができない。詳しくは各報告書や自治体史等を参照してほしい。また、下宇部尾の神事は森山と同じ内容であるので、本稿では割愛する[4]。

## 一　事例1　鹿島町手結

まず、松江市鹿島町手結の「余目野井《よめのい》神事」から見ていこう。手結は鹿島町の北西に位置し、日本海に面した集落である。『新編鹿島町誌』によると、「余目野井神事」は第二次世界大戦前には途絶してしまったらしい[5]。唯一、行事を報告しているのは旅する民俗学者、宮本常一である。彼は昭和十五（一九四〇）年九月八日に手結を訪問し、行事について聞き取っている。まず、彼の報告から当時の行事全体を描いてみたい[6]。

## （一）当屋と氏神祭祀

写真１　津上神社（筆者撮影）

手結では毎年十一月になると、集落内の六歳から十歳までの男子一名を「頭《とう》だまり」に選んだ。「頭だまり」とはいわゆる当屋《とうや》[7]であり、十一月二十五日から一年間務める。頭だまりになると、毎月一日、十五日、二十八日には潮垢離して氏神に参拝し、平素は氏神の環境整備に務めなければならなかった。一年間の当屋の任務を終えることを「お頭開《とうびら》き」と呼び、十一月二十五日と二十六日は当屋の家でお頭開きのための儀式を行った。

手結の氏神は津上《つがみ》神社である。祭礼は、旧暦では十月三十日、新暦では十一月三十日に行っている。新しい「頭だまり」は、二十五日の任命から祭礼当日まで毎日潮垢離しなければならなかった。また家は祭礼の宿となった。祭礼は神職によって午前中に神社で執り行われ、午後は同じく神社で神職たちによる神能が演じられた。神能とは佐陀神能に代表される出雲神楽の一種で、仮面の神話劇を基本とする。

## （二）余目野井神事

神能が終わった夜、「お頭開き」の家、つまり前当屋自宅のオモテの間で「余目野井神事」が行われる。前もって米三升を炊いて飯櫃に盛り、別に鰤縄鉢[8]に皿七枚を入れて床の間に飾っておく。神職二名はそれぞれに翁《おきな》面、嫗《おうな》面をつけ爺役、婆役となる。新当屋の母が「嫁役」で、髪を島田に結い上下着物をつける。この三役が行事の中心であるが、他に囃子担当の神職がおり、さらに多くの見物人が囲んだ。

まず、すりこぎ棒を持った爺役と、しゃもじを持った婆役が問答する。爺「婆さん一番婿から蓬莱《ほうらい》さんまで仲良く盛らねばいけぬがのう」婆「そげだぞや」。そういって婆役は皿を一枚手に取ると、周囲の神職が「盛れや盛れや嫁の飯を盛りやれよ」と囃す。婆役はしゃもじで「一番婿《むこ》の飯」を盛り、次いで爺役がすりこぎ棒で「一番嫁の飯」を盛る。これが交互に三番まで計六皿続く。飯を盛る際、周囲の神職は太鼓や三味線、笛で賑やかに囃し立て、爺婆は互いに邪魔をしようと滑稽な仕草を見せ大いに盛り上がる。最後に「蓬莱さんの飯」を盛り終わると、飯を持った皿は縄鉢に入れられる。神職が縄鉢を持って嫁役の頭上に掲げ、嫁役はその下で右に三回、左に三回まわって終了した。盛った飯は翌日に神職たちが食べたという。

## 二　事例2　島根町瀬崎

松江市島根町瀬崎は島根町の東、日本海に面した集落である。ここでは、ヨメノイ神事を「よめのえの祭り」と呼んでいる。行事は途絶えてしまったが、詳細な事例報告が昭和六十二（一九八七）年の『島根町誌』本編に記載されている[9]。以下は、この報告をもとに一九八〇年代に行われていた行事をまとめたものである。

### （一）瀬崎の当屋制

瀬崎にはかつて、集落共有の「宮田《みやだ》」と「堂田《どうでん》」があった。宮田は氏神である日御碕《ひのみさき》神社の維持管理や祭礼に係る費用を賄うための田で、堂田は集落内の庵寺（持仏堂）に関係する。それぞれに当番があって、田の耕作と祭事を担当した。当番は当屋のことで、かつては集落内の「頭分《かしらぶん》」から順番に主たる「本当《ほんとう》」を一名、本当を補佐する「相当《あいとう》」数名を選出した。「頭分」とは集落内の限られた経済的社会的優位者であるらしかったが、昭和二十三（一九四八）年に慣習が廃止された。その後、当屋は集落内の

写真2　日御碕神社（筆者撮影）

七組が順番に受け持つこととなり、本当は組長、相当は組内の男性が担任した。

## (二) よめのえの祭り

日御碕神社の祭礼は十一月八日、旧暦では十月八日であった。前日の十一月七日には本当の自宅を祭礼用に飾り付ける。祭礼当日の午前中から昼にかけて、本当自宅では「まな板の儀式」が行われる。これは本当と次期本当がまな板に載せた鮮魚（本当は鯛、次期本当はクロアイ）を包丁で儀礼的に捌《さば》く儀式で、これが済むと直会《なおらい》となる。午後になると神社で祭礼（奉幣式《ほうへいしき》）が執行され、次いで拝殿で「当渡しの儀式」が行われる。

よめのえの祭りは、翌九日の午前中に本当（この時点では既に旧本当であるが）の自宅で行われるもので、多くの見物客に見守られながら神職二名と本当、相当の四名が参加し、次の六つの儀式がある。楽器による囃子はない。

①酒造りの儀式　②こなしの儀式　③米つきの儀式
④飯盛りの儀式　⑤餅つきの儀式　⑥釣りの儀式

「酒造りの儀式」は、神職があらかじめ本当宅に準備していた「折敷飾《おりしきかざ》り」の御幣《ごへい》数一〇本を、一升徳利に数本ずつ回し入れていくもので、「もうしおろえて、もうしおろえて、長柄《ながえ》の銚子《ちょうし》、千代の盃《さかづき》」と唱えながら行う。その名の通り、酒造りを模擬的に演じた儀礼である。

「こなしの儀式」は、籾《もみ》が入った膳を神職二名と本当、相当が順に回し揺するもので、籾から籾殻をとって玄米にする「籾摺り」を模擬的に演じた儀礼である。

「米つきの儀式」は、膳に盛った白米を、神職たち四名が榊の小枝で叩くもので、精米のための「米搗き」を模擬的に演じた儀礼である。

「飯盛りの儀式」には、当屋飾りに供えた「おこわ」を用いる。それを底の浅い大きな飯櫃に入れ、神職以下四名が取り囲むように座る。銘々の前には皿が置いてあり、神職が爺役、相当が婆役を務めた。相当は女装で、たすき掛けで手ぬぐいをかぶる。手結のように面は付けない。

まず、爺役が「ばあさん、ひとつ、このご飯を皿に盛ってごっさらんか」というと、婆役は返事をして四名の皿に飯櫃のおこわを盛っていく。盛り終わると爺役が「今年は豊作だったので、もっと余計に盛り直してくれないか」という意の発言をし、これに婆役が応えて再度四皿分のおこわを盛る。次に爺役の合図で本当が立ち上がり、神職と相当が飯櫃を本当の頭上に掲げる。本当は飯櫃の下で右に三回、左に三回ずつ回転して終わる。

「餅つきの儀式」は、荒菰《あらごも》を敷いて臼に見立て、爺役の神職、婆役の相当、本当が取り囲むように座り、餅つきの所作および杵《きね》の舞を行う。まず、爺役が杵で荒菰を搗く真似をし、それに合わせて婆役がこねる真似をする。五回繰り返した後、杵を荒菰にくるみ本当に渡し、本当はこれを背負いながら左右に三回ずつ回転して終わる。

「釣りの儀式」では、四人の中央に釣り船を模した造り物[10]が置かれる。爺役と婆役はそれぞれ、スルメを結び付けた釣竿を持つ。二人は「ばあさん、今日は凪だし漁へ出ようか」等と即興で会話しながら、魚を釣る所作をする。頃合いをみて二人の釣り糸が絡まると、解くための「まじない」として爺役が婆役に歌を所望する。この時、婆役は民謡等を即興で歌わなければならない。数度歌うが釣り糸は解けず、最後に爺役が「伊予《いよ》の国、宇《う》和郡《わのこおり》の阿漕《あこぎ》ヶ浦《うら》で、魚みてあらわれしとや、カイツブリ、カイツブリ」と唱えると、解ける。そして「今日は大漁だ」と会話を交わした後、釣り船に見立てた造り物を飯盛りの儀式と同じく本当の頭上に掲げ、本当が左右に三回ずつ回転して終わる。以上が終わると最後に、相当が見物客にむかって清めの「キラジ」を撒くが、以前は酒粕を撒いていたのだという。

### （三）行事の変化

瀬崎の「よめのえの祭り」については、昭和十七（一九四二）年に石塚尊俊が瀬崎を訪れ聞き取り調査した報告が残されている[11]。この報告が瀬崎の「よめのえの祭り」を記した最も古い文献であり、『島根町誌』の内容と比較することができる。

基本的には行事の段取りや内容等は同じなのだが、婆役の担当だけが大きく異なっている。一九八〇年代の飯盛りの儀式では爺役は神職、婆役は相当が務めて、飯櫃を頭上に戴くのは本当であった。ところが、石塚の報告によると神職の爺役は変わりないが、婆役は本当で、飯櫃や釣り船の造り物を頭上に頂き、杵の舞を舞うのも婆役であった。婆役として爺役とやり取りする役目だけが、相当に変化したのである。

また、石塚は婆役を担当するのは本当でなく、もともとは本当の妻が務めていたのだと記している。これは注目すべき記述で、事実ならば瀬崎の婆役は本当の妻→本当→相当と変化してきたことになる。

他に、石塚の報告には「酒造りの儀式」が記載されていない。これは当時実施していなかったのか、それとも聞き漏らしたのか（石塚はこのとき、行事を実見していない）わからない。それ以外に爺役婆役の問答の文言が異なるが、これはもともと即興性の強い問答であり、その時によって変化していたとしても不思議ではないだろう。

## 三　事例3　美保関町森山

森山は美保関町の境水道に面した集落である。氏神社は横田神社で、江戸時代には横田明神といった。加えて美保神社が合殿されているので「横田美保両社」とも呼ぶ。祭礼は旧暦では十月初午で、新暦では十一月十一日となった。手結、瀬崎同様に氏神祭礼の一環として行われるヨメノイ神事を、森山では現在「はんぼかべり」という。

森山では昭和二十五（一九五〇）年を境に、それまで当屋宅で行っていた行事を横田神社拝殿で行うよう改めた[12]。そこでまず、横田神社が保管している「横田神社古伝祭帳」[13]を中心に、変更前の昭和十年代頃の行事について記す。「横田神社古伝祭帳」とは、当時の神職が行事のために作成した手控えである。

なお、参考として儀礼の写真（写真4～9）を載せるが、この儀礼は平成二十三（二〇一一）年に、当屋宅ではなく横田神社拝殿で実施されたものである。

写真3　横田神社（筆者撮影）

### （一）当屋の選定と当屋交代儀礼

横田神社の当屋は、氏子中の定まった数十軒の戸主から神撰《しんせん》で二名選出される。これを「当定《とうさだ》め」という。一名は主務の本当、一名は本当を補佐する相当だ。神撰は祭礼前日、十一月十日の夜に神社本殿内で神職が行う。新しい当屋二名は、日常的な神社の環境整備の他、年間の諸神事における神饌の調達、祭礼でのヤドを務めなければならない。

当屋交代儀礼すなわち「当渡し」は、翌日十一日未明の「暁行事《あかつき》」、午前一〇時からの「官祭」、午後一時からの「氏神祭」という神社の祭礼に引き続いて行われる。この時、参列した氏子には波剪御幣《なみきりごへい》を配布する。これは美保関の美保神社に特有の御幣であるらしい。氏子たちが大声を上げながら神職の合図に従い御幣で拝殿の床を三度叩く儀礼がある。その後、新しい本当は境水道へ潮垢離に行き、神社へ戻って新旧の当屋が三三九度の盃を交わし、当渡しとなる。最後は「祝の舞」といって、神職、旧本当、新本当、旧相当、新相当、区頭の順で舞う。

## （二）当屋祭

当渡しが終了すると、神事を担当する神職複数名が旧本当の自宅に入る。旧本当宅はすでに、前日に門飾り・床飾りが施され、神職による「当屋清め」が行われており、午後四時から神職（五名以上）を中心に次の儀礼からなる「当屋祭《とうやまつり》」を行う。

①十二ヶ月祈祷　②灰膳《はいぜん》の儀　③籾すり　④飯盆《はんぼ》かべり

⑤米しらげ　⑥鯛釣り

「十二ヶ月祈祷」では、神職が大祓《おおはらえ》を唱えながら打蒔用の白米を一つまみずつ一二個机上に盛る。「灰膳の儀」では、「灰膳」という御供焚き《ごくた》（当屋が神饌の玄米を炊くこと）で出た灰を水で練って膳に山盛りにし、御幣を一四本立てたものを用いる。神職が灰膳に立てた御幣を一本ずつ引き抜き、「カヘツテミキヲマイラス」と唱えながら神酒徳利に差し込み、また引き上げる（写真4）。「籾すり」は、籾が入った膳を三人の神職が順にゆすり、左右に回転させる（写真5）。この儀礼以降、他の神職が太鼓、笛、鉦で賑やかに囃す。

次が「飯盆かべり」である。御供焚きで炊いた玄米を入れた飯櫃と皿五枚、すりこぎ棒としゃもじを用意しておく。神職三名が飯櫃を囲み、これを高く掲げ「時の世盛り」と合唱する。次に中心の神職（仮に甲とする）が「モロヤモロヤ、嫁ノ飯モロヤ」と唱えると、他の二名（仮に乙・丙とする）が復唱し、乙がしゃもじで皿に飯を盛る。すると丙がすりこぎ棒で皿の飯を飯櫃に戻す（写真6）。これを数度繰り返すと、甲が「嫁ノ飯ヲ盛ッテアリ候《そうろう》程ニ、之ヨリ兄嫁ノ飯ヲ盛ルデアリ候。モロヤモロヤ兄嫁ノ飯モロヤ」と唱える。乙丙が「モロヤモロヤ…」と復唱し、前回と同様のやり取りをする。この調子で、「弟嫁ノ飯」「オヂノ飯」「ノウノエノ飯」と繰り返し、最後に甲が「ノウノエノ飯モ盛ッテアリ候程ニ、之ヨリオナラモチヲ呼ビ負ワセルニテ候」と言うと、乙丙が飯櫃を高く掲げ、本当の妻の頭上に載せ、妻を左右に回転させる。途中、逃げようとする妻を追いかける等して滑稽に行う（写真7）。

次の「米しらげ」は、白毛《しらげ》山《やま》へ神が降臨した際に、初めて稲作を行ったことに由来するという。菰を敷き、神職三名が順番に手杵で米を搗く真似をする。他の二名はこれに合わせて米を混ぜる真似をする。この時、「テンテトツケヤ又シラガノ米クビル」と唱える（写真8）。三名が搗き終わると、手杵を菰に包んで飯盆かべりと同じく相当の妻の腰に負わせ、左右に回転させる。

最後は「鯛釣り」で、船に見立てた箕《みの》（紙の帆をつける）と、塩鯛をつけた釣竿二本を用いる。神職三名の前に箕を置き、乙丙が釣竿を持つ。甲が「今日は良い凪で」というと乙丙が応答して「釣舞」をなす。釣り糸が絡まると甲が「ヨナキガ鼻デ鯛ノ早喰シマシテ、ヨマモツレ、之ハ一首ノ歌デ解ク、大チブリヤコチブリヤ魚ガホシサニハリヤ飛ンダリ」と唱え、糸絡みを解く（写真9）。最後に釣舞《つりまい》をして終了する。

写真4　灰膳の儀（横田神社提供）

写真5　籾すり（横田神社提供）

写真6　飯盆かべり1（横田神社提供）

写真7　飯盆かべり2（横田神社提供）

写真８　米しらげ（横田神社提供）

写真９　鯛釣り（横田神社提供）

## (三) 明治期のヨメノイ神事

森山のヨメノイ神事については、明治期の記録が残されている。明治二十五（一八九二）年に横田神社から島根県庁内務部宛に提出された「特殊神事調」である[14]。この資料は島根県の要請を受け、県下の神社が自身の祭礼を報告したものと考えられる。森山の部分のみ翻刻して載せよう。

島根郡森山村大字森山　村社式内横田神社
大祭神事式

十一月十一日祭日　此前夜御霊社下ノ御座替終テ氏子ノ内ヨリ二名神前ニ於テ抽籤ヲ以テ明年ノ祭典式下《（ママ）》取扱人ヲ定ム之ヲ名ケ《（ママ）》テ当人ト云

当日、御神供献上、氏子人民拝殿ニ着座、神官神前ニ於テ祝詞奉幣式執行、終テ人民へ波剪御幣ヲ授ケ

当人当渡ノ式ヲ行フ〔当渡ノ式トハ献供ノ御神供二膳并ニ葉付割大根二膳ヲ揃、供具ヲ荒薦ノ上ニ置キ其年ノ当人ト明年ノ当人ト長柄ノ銚子ヲ持出シ上下ヲ着シ三宝ニ土器ヲ載セ盃ヲ酌シテ受渡ノ式ヲナスナリ〕次ニ神能舞、拝殿ニ於テ初メ神官舞ヲ為ス、次ニ本年ノ当人上下ヲ着シ舞ヲ為ス、次ニ明年ノ当人同ク舞ヲ為ス、只四方ヲ拝スルノミ、終テ村ノ長タルモノ上下袴ヲ着シ一村ノ惣代トシテ同様舞ヲナス、終ニ神官舞ヲ為ス前ノ如シ、次ニ湯釜式執行、御神楽ハ終日執行、亦音楽御幸等ハ旧来ヨリ其年ノ都合ニ依テ取行フ仕来ナリ、日夜当人ノ家ニ於テハ神棚ヲ設ケ御幣ヲ荘リ注連ヲ引キ神酒神供ヲ献シ御神楽劔舞祝詞奉幣ノ式ヲ行フ

御波気《ヲハケ》祭　大祭ノ前十一月七《（八カ）》日九日当人ノ宅ニ於テ之ヲ行フ

当人ノ門前ニ葉付ノ竹ヲ三本荘リ、和幣注連ヲ引キ両方へ幟ヲ添へ盛砂ヲ為ス、以テ両日間御祈祷ヲ執行ス

地鎮祭　大祭ノ夜当人宅ニ於テ之ヲ行フ、以下皆同シ、盆ニ木灰ヲ盛リ之ニ千道《チミチ》ノ幣ヲ立テ（俗ニ之ヲ細幣ト云）而シテ盆ノ四隅ニ小幣ヲ立テ机上ニ載テ神前ニ供シ以テ祝詞ヲ朗読ス

虫祓式　明年ノ田畑ニ稲虫退散ノ為メ十二度ノ御神楽ヲ奏シ虫難除ノ祝詞ヲ朗読ス

籾摺ノ式　盆ニ籾種ヲ盛リ覆ヲ又盆ヲ以テス、神官三輪座シ奉仕ノ神官ガ第一ニ覆タル盆ヲ以テ籾摺ノ状ヲナシ、次ノ神官へ廻シ前ノ如クシテ又次ノ神官へ廻シ如此スルコト三三九度トス

米精ノ式　前ノ籾摺ノ米ヲ精米トスル状ヲナスモノニテ奉仕ノ神官ノ前ニ荒薦ヲ鋪キ、神官二人荒薦ノ上ニ向ヒ合テ手杵ヲ操リ荒薦ノ上ニテ三三九度ノ米搗ノ状ヲ為ス、奉仕ノ神官ヨリ唱フルコトアリ曰（ドンドント搗キヤ又白ガ米《ヨネ》ガ降ル）ト此間御神楽ヲ奏ス

飯盛式　新規ノ飯桶ニ神供ノ飯ヲ盛ル之ヲ嫁ノ飯ト唱フ、此飯ヲ奉仕神官ノ前ニ置キ他ノ神官二人向合テ柄子ヲ以テ第一ニ嫁ノ飯、第二ニ兄嫁ノ飯、第三弟嫁ノ飯、第四伯父嫁ノ飯、第五姑嫁ノ飯ト大魚留皿五箇ニ之ヲ盛リ之レヲ其飯桶ニ納メ当人ノ妻之頭ニ戴キ左右ニ廻ルコト三遍斯クスルコト三三九度トス、飯ヲ盛際奉仕ノ神官唱フルコト（モロヤモロヤ嫁ノ飯ヲモロヤ）ト此間御神楽ヲ奏ス

魚釣ノ式　箕ヲ以テ船トシ竹ヲ以テ帆柱ニ擬シ紙ニテ帆ヲ造リ釣竿二本ニ糸ヲ付ケ其糸ニ適宜ノ魚ヲ付ケ当人宅座敷ノ中央ニ於テ神官二人天地四方ニ向テ釣魚ノ状ヲ為ス、奉仕神官唱フルコトハ東西南北ニ向ヒ釣魚ノトキ（之ヨリ東方ノ手ニハ三尺、神ニハ九尋）ト蓋シ事代主大神ノ釣垂玉フ魚釣ノ式ナリ

糟打式　諸神事終テ奉仕ノ神官酒ノ糟ヲ器ニ盛テ之ヲ天地四方ニ向ヒ此糟ヲ打テ御祓ヲ唱フ御神楽ヲ奏ス

## （四）行事の変化

一読してわかるように、明治二十五年から昭和十年代のおよそ四〇年間で、ヨメノイ神事にいくつかの変化がみられる。

まず、最初の地鎮祭が二番目の灰膳の儀となり、灰膳に挿した御幣を神酒徳利に差し込むという所作が追加されている。地鎮の儀礼が、酒造りの儀礼へと変化しているのである。次に、二番目の虫祓《むしはらい》式が最初の十二ヶ月

祈祷となり、稲虫《いなむし》退散という目的が失われている。三番目の籾摺りは変化なしだが、四番目の米精ノ式は五番目の米しらげと変化している。なおかつ明治時代の米精ノ式には、杵を菰で巻き相当の妻に背負わせる所作がない。

五番目の飯盛式は四番目となり、内容はほぼ同じだが昭和十年代の「ノウノエノ飯」は明治二十七年では「姑《おば》嫁の飯」と表記されている。また、魚釣ノ式と鯛釣りの順番は変わらないが、魚釣ノ式には糸が絡み、歌で解く所作がない。糟打《かすうち》式は昭和十年代では既に行われなくなっていたようだ。

## 四　分析と評価

以上、島根半島におけるヨメノイ神事について見てきた。次いで筆者なりにこの行事を分析し評価してみたい。

### （一）ヨメノイ神事の位置

現在までに刊行されている自治体史や民俗文化財調査報告書、事典類のなかに、本稿で取り上げた事例以外のヨメノイ神事を見出すことができない。それは島根県内のみならず、捜索範囲を全国に広げた場合も同様である。どうやら、少なくとも右記刊行物が出版され始めた二十世紀初頭以降において、ヨメノイ神事は手結・瀬崎・森山・下宇部尾という四集落だけに存在した行事であったらしい。

それでは、ヨメノイ神事は四集落に伝承された唯一無二、独自の民俗文化なのだろうか。答えは否である。一般的に、集落に根付いた民俗文化で、初めからその集落で生み出された独自のものは皆無に等しい。多くは、他所から伝播し根付いた文化で、同一地域圏に広まったものだ。民俗芸能研究の分野ではこれを、一次伝播と二次伝播と呼んでいる。同じような民俗文化が地域的にまとまって分布しているのはこのためだ。したがってヨメノイ神事も、周辺の行事と比較すれば何らかの共通点が見いだせるかもしれない。

反対に、同種の民俗文化が同一圏内に分布していたとしても、一つひとつを観察すると、まったく同一の行事は存在せず、いくつかの差異が生じていることがわかる。その差異こそが、民俗文化が根付く過程および根付いた後の展開で生まれた、その土地の個性といってよい。

## （二）当屋制神社祭祀・当屋交代儀礼

それではヨメノイ神事と、他事例との共通点は何か、周辺地域のなかで考えてみよう。まず気付くことは、行事が当屋制を基盤としていることだ。当屋制については民俗学で長く議論され多くの研究蓄積があるテーマである。本稿では深く立ち入らないが、当屋制とて、同種のものが同一圏内にまとまって分布している例がほとんどだ。石塚尊俊は、昭和三十四（一九五九）年に島根半島一帯で当屋制がある集落を三八ヶ所（手結・瀬崎・森山・下宇部尾を含む）、当屋制に基づく祭祀《さいし》を四八事例挙げている[15]。島根半島において当屋制は、決して特殊な祭祀形態ではないのだ。

手結・瀬崎・森山の集落では、氏神祭祀に当屋制を敷いており、なおかつ神社の祭礼を秋に行い、同時に当屋交代儀礼（当定めと当渡し）も行っていた。島根半島における当屋制祭祀四八事例のうち、祭祀対象が集落の氏神である事例は三七で[16]、さらにそのうち祭礼（例大祭）が秋にあり、かつ、当屋交代儀礼（当定めと当渡し）も同時に行われる事例は半数以上の二六となり、祭礼と当屋交代がセットであることも一般的だったようだ。

ヨメノイ神事は、氏神祭礼・当屋交代儀礼に加えて実施されていた。このように、当屋制に基づいた氏神祭祀で、秋に祭礼を行い、当屋交代儀礼を経た上で、さらに加えて行う行事が存在する（した）集落を拾い上げてみると、六集落となり数が少なくなる。このうち三集落は手結・瀬崎・森山であり、行事はもちろんヨメノイ神事だ。残りの三集落、一つは美保関町福浦《ふくうら》で「ナマス祭り」を行う。もう二つは美保関町七類《しちるい》と同町笹子《ささご》で、どちらも「釣り神事」を行う。地理的には、この六集落はすべて旧島根郡に属している。

## （三）献饌儀礼としての当屋祭り

六事例の共通点のひとつは、当屋の自宅で行うことを原則としていたことだ。このような祭祀を、一般的に「当屋祭り」という。さらに「献饌《けんせん》儀礼」という共通点もある。献饌とは、神仏に供物を献上する行為であり、そのための儀礼を献饌儀礼という。神社祭祀において献饌は通常だが、なかにはそれが中心的な行事になっている祭りもある。

福浦のナマス祭りは、氏神社の三保《みほ》神社における春と秋の祭礼で実施される[17]。秋祭りの場合、神社祭礼の後に本当と相当が作った大量の大根ナマスを神前に供え、当屋交代儀礼に合わせて氏子に分与し共食する。かつては本当の自宅で行っていたが、戦後、神社の籠もり堂に変わった。漁業従事者の祭りで、春は大漁祈願、秋は大漁に感謝する意なのだという。ナマスは一般的な神饌として用いられるが、これを大量に作り儀礼化したところに、この当屋祭りの特色をみることができる。

「釣り神事」は魚を釣り上げる所作を含んだ儀礼である。七類の氏神社である質留比《しちるい》神社では、十一月二十七日の新嘗祭《にいなめさい》で「鯛釣り神事」を行う[18]。当屋は集落内の六軒で、新嘗祭と三月の祈年祭《きねんさい》を担当し、十月二十七日の例祭は別の当屋が担当する。厳密には例祭とは別の行事だが、新嘗祭自体は明治以降に行政によって指定された祭りであり、もとは例祭の一部として実施されていたのではないか。神事は神職が神前で大白幣《おおはくへい》を振り上げ「やあ」というと、参列した氏子も小白幣《こはくへい》で「やあ」とやる。この時、最初に上げた氏子が一番漁だという。笹子では氏神社である玉結《たまえ》神社の十月十七日の例祭に、「鯖釣り神事」が行われていたらしい。現在は絶えており残念ながら実態がわからないが、鯛釣り神事と大きくは変わらないのではないか。鯛や鯖も一般的な神饌だが、これを釣り上げる所作を儀礼化したところに特徴がある。

ヨメノイ神事について、初めに手結の「余目野井神事」を例示したのは、この神事の在りようが最も基本的なヨメノイ神事のすがたと考えたからだ。神職が爺と婆に扮して滑稽なやり取りを繰り返しながら飯を盛る。最後はそれを新当屋の母か妻が、これまた滑稽に頭上に掲げるのである。この儀礼、新穀《しんこく》の献上を滑稽に仕立てたものと考えてよい。

### （四）田遊びとの関連

それではヨメノイ神事では、なぜ新穀の献上が滑稽な仕様になるのか。筆者は、「田遊《たあそ》び」の応用と考えている。田遊びとは稲作儀礼の一種で、所によっては「御田《おた》植《うえ》神事」等とも呼ばれている。一般的には神社で稲作の諸行程を様々な演出を伴って模擬的に演じるもので、その年の豊作を祈願する予祝行事と考えられている。多くは正月から田植え前までに行われるが、まれに夏や秋に実施する場合もみられる。

全国の田遊びを調査した新井恒易によると、事例の分布には地域的なムラがあるという[19]。すなわち、もっとも濃密に分布するのが近畿で、次いで東海である。東北、四国にはほとんどみられず、関東、北陸、九州に若干程度と少ない。中国地方では、山口、鳥取にはまったくみられず、広島と岡山の山間部に少々、分布のほとんどが出雲地方に集中している。山陰民俗学会の調査によれば、四〇以上の事例が確認できるという[20]。

出雲地方の田遊びの特徴として、当屋制神社祭祀の一環として神社で行われ、当屋が氏子の代表を務め、神職が儀礼を主導し、神職と当屋の即興的かつ滑稽な問答によって模擬的な稲作の所作を行う、という点が挙げられる。

この場合、神職は指示役で、耕作の所作を行うのは当屋だ。出雲市斐川町荘原《しょうばら》の佐支多《さきた》神社でかつて行っていた「御田植神事」では、神職が「田主《たあるじ》」、氏子が「田《た》人《びと》」「田主の妻」「子女」役を務め、田主の指示で田人が耕作した[21]。実は、田遊びが盛んな近畿東海地方では、田主と田人の問答という形式が一般的である。田遊びにおける田主は、老人と認識されており、奈良県等では実際に田主役が翁面を着けて演じる。加えて媼面を着けた「田主の妻」役もあり、田主と滑稽かつ性的な所作を行うこともある。

直接的な証拠はもちろん無いが、筆者は以上の出雲地方に展開した田遊びを背景に、ヨメノイ神事の核となる儀礼が成立したと考えている。具体的には、田主の爺（手結では面を着けていた）が新穀を氏神に献上する儀礼で、ヨメノイ＝嫁の飯とは、新穀を炊き上げ用意した田主の妻、つまり婆役の飯を意味するものと考える。これを滑稽に繰り返し重ねて行うのに、手結では一番から三番までの嫁の飯、森山では田主（爺）の兄、弟、叔父、伯母（ノーエ）の嫁の飯と演出するのだ。手結では「婿の飯」が登場したが、これは「嫁の飯」に対する「もどき」、つまり物まねの所作であろう。

### （五）早乙女とオナラモチと当屋の妻

これまで、ヨメノイ神事の「嫁」とは、飯櫃をかぶる当屋の嫁と解釈されてきた。しかし当屋の母を「嫁」と表現して報告しているのは手結の宮本報告のみで、森山も瀬崎も、当屋の妻を「嫁役」と報告したものはない。嫁役としたのは、宮本の主観だったのではないか。

筆者は、神事に登場する当屋の妻（または母）は、嫁役でなく神饌を頭上運搬する「オナリ役」として設定されていたと考える。肥後一の宮の阿蘇神社では七月に「御田祭」を行うが、神輿渡御の行列に、白装束をまとい頭上に御櫃を載せた女性たちが随行する。彼女たちを「うなり」と呼ぶ。各地の田遊びや御田植神事で昼飯を運ぶ役目（多くは早乙女）を、東日本では「チュウハンモチ」「ヒルマモチ」、西日本では「オナリド」「オナリサマ」と呼んでいた[22]。森山の「之ヨリオナラモチヲ呼ビ負ワセルニテ候」という台詞は、嫁の飯を盛ったので、オナラモチ＝オナリ持ちを呼んで運ばせる、という意味なのだ。

安来市赤江《あかえ》町の八幡宮で行われる田植神事（五月五日）では、終盤にハンボを頭上に載せた「ハンボカベリ役」が登場し、田植え役に取り囲まれ「早乙女《さおとめ》だ」と言われ大笑いされる場面がある[23]。このように、儀礼の上でオナリは笑い（性的な）の対象とされることがあり、ヨメノイ神事のハンボカベリで滑稽な仕草があるのはこのためであろう。

## （六）行事の展開と神職

ヨメノイ神事がいつの頃から行われていたのか、現段階では明らかにすることができない。『懐橘談《かいきつだん》』や『雲《うん》陽誌《ようし》』等の江戸時代の地誌類には記述がなく、本稿で紹介した明治十七年の「特殊神事調」を遡る文献資料も見出だせないでいる。ただ、田遊びからの展開を考えると、江戸時代の遅い時期だろうという推測は可能だ。瀬崎、森山では、手結と違い飯盛り式やハンボカベリ以外にもいろいろな儀礼があった。筆者は、これら儀礼は後から付け加えられていったものと考えている。「釣りの儀式」「鯛釣り」などは、七類等の別集落で行われていた当屋祭りの移入だろう。儀礼の意味合いも、時によって変化したに違いない。先述したように、明治期の森山で行われていた「虫祓式」は美保神社で行われていた神事の模倣と考えられるが、後年には十二ヶ月祈祷と変化している。この変化が、各集落におけるヨメノイ神事の展開であり、それぞれの差（個性）を生んだのである。

問題は、田遊びに着想を得て行事を始め、さまざまに展開していった主体は誰か、ということだ。これも確たる証拠は無いが、筆者は神職たちであったと考えている。集落の行事なので主体は住民つまり当屋側にあると思われがちだが、ヨメノイ神事や田遊びをよく観察すると、爺婆役や田主役は神職であり、常に彼らが主導権を握っている。

近畿地方の当屋制神社祭祀では、江戸時代までは当屋が神職役（一年神主）となって祭祀を主導し、明治以降になると行政の指導により専門の神職が入って当屋の役割が減少する例が多くみられる。一方、江戸時代の出雲地方では、当屋制と神職による神社祭祀が併存していた。特に神職は松江藩の政策により組織化されており、集落の神社祭祀に積極的に関与していたと考えられる。また、出雲地方を代表する民俗芸能の出雲神楽は、江戸時代においては神職が連合して実施するものであった。彼ら神職は、芸能者の一面も有していたのである。

松江藩は島根郡、秋鹿《あいか》郡、意宇《おう》郡（一部）の神職を佐太神社に、それ以外を杵築大社（出雲大社）に管理統制させた。神職たちは一定の範囲でまとまり、中間管理職たる「幣頭《へいとう》」という役職を置いた。佐太神社配下では、意宇郡、島根郡東部、島根郡西部および秋鹿郡という三グループに分かれていた。

ヨメノイ神事を行う森山では、江戸時代、同所居住の佐々木氏が神職を務め、下宇部尾の横田社も兼帯した[24]。瀬崎では、野波《のなみ》の神職である塩田氏あるいは朝倉氏が務めた[25]。手結の津上神社は秋鹿郡長江《ながえ》村（現、松江市西長江町）の国司《こくし》神社神職、幡垣氏が兼帯した[26]。このうち、佐々木氏と塩田氏・朝倉氏は同じ島根郡東部のグループであり、旗垣氏だけが秋鹿郡・島根郡西部のグループだった。森山と瀬崎のヨメノイ神事の内容に共通点が多いのは、神職の所属が背景にないだろうか。

## おわりに

以上、ヨメノイ神事について考察してきた。島根半島の多くの集落では当屋制に基づく氏神祭祀が行われており、秋の祭礼に合わせて当屋交代儀礼も実施していた。旧島根郡では加えて当屋祭りを実施する集落もあり、その一つに、手結、瀬崎、森山のヨメノイ神事があった。

旧島根郡の当屋祭りは当屋が作成した神饌を氏神に献上する献饌儀礼であり、美保関町福浦では大量の大根ナマスを献じる。一方、ヨメノイ神事は新穀を滑稽な演出で氏神に献じる儀礼であり、これまでの予祝儀礼という評価はあたらない。

また、田主である爺が婆（嫁）に飯（嫁の飯）を催促する滑稽な演出は、出雲地方に定着していた田遊びから着想を得て江戸時代以降に始まったと考えられ、当屋の妻や母は神饌を運搬するオナリ役であった。よって、当屋の妻を巫女とみなし、ヨメノイ神事を女性中心祭祀の残滓とする従来の評価も適当ではないだろう。

ヨメノイ神事は神職たちが積極的に関与し展開していった行事と考えられ、時々の状況に応じて儀礼が追加されたり、儀礼の意味が変更されたりした。展開は集落ごとに異なり、結果、集落におけるヨメノイ神事のあり方の違いにつながっている。これら具体の解明については、今後の課題としたい。

**【註】**

1　石塚尊俊（一九四二）「頭屋祭資料―瀬崎・坂浦」『民間伝承』一一―四・五合併号、一二ページ

2　石塚尊俊（一九五九）「島根半島における頭屋制序説」『山陰民俗』一九号

3　例えば、藤脇久稔（一九六三）「芸能以前―ハンボカベリと嫁の飯まつり」『伝承』一一号

4　事例の詳細は、島根県教育委員会（一九七一）『出雲中海沿岸地区の民俗』島根県、美保関町誌編さん委員会（一九八六）『美保関町誌　上巻』美保関町を参照のこと。

5　鹿島町史編纂委員会編（二〇〇七）『新編鹿島町誌』松江市

6　宮本常一（一九四二）「出雲八束郡片句浦民俗聞書」アチックミューゼアム『アチックミューゼアムノート』二二

7　トウヤには頭屋、祷屋等の字を充てるが、本稿では当屋に統一して表記する。

8　鰤を採るための縄を収納しておく桶状の容器のこと。

9　島根町誌編纂委員会（一九八七）『島根町誌本編』島根町。また、松江市史編纂委員会（二〇一五）『松江市史　別冊2民俗』松江市に事例報告および付録DVDには平成元（一九八九）年の行事を撮影した映像が収録されている。他に、宮地治邦（一九五九）「島根半島における神社祭祀の研究」『国學院大學日本文化研究所紀要』國學院大學日本文化研究所。

10　籾殻を入れた一升枡を箕の中央に置き、帆を立てたもの。当日に準備される。

11　前掲注一、石塚（一九四二）

12　森山公民館（一九八六）『もりやま　創刊号』森山公民館

13　前掲注12所収。他に事例が記されたものとして、遠藤二郎（一九五四）「横田神社神事拝観記」『因伯民

俗』一七、前掲注4、美保関町誌編さん委員会（一九八六）および島根県教育委員会（一九七一）を参照のこと。また、松江市教育委員会（二〇一五）付録DVDに平成十年の記録映像が収録されている。

14　牛尾三千夫氏旧蔵

15　前掲注2、石塚（一九五九）。前者より後者の数が多いのは、複数の当屋制が併存している集落があるため。

16　その他は、集落内の小祠、堂宇等。

17　前掲注4、島根県教育委員会（一九七一）。

18　山陰民俗学会（一九九七）『山陰の祭祀伝承』山陰民俗学会

19　新井恒易（一九八一）『農と田遊びの研究　上下』明治書院

20　前掲注18、山陰民俗学会（一九九七）

21　前掲注18、山陰民俗学会（一九九七）

22　「オナリド」『民間伝承』五―二、国立歴史民俗博物館「民俗語彙データベース」https://www.rekihaku.ac.jp/up-cgi/login.pl?p=param/goi/db_param（二〇一九年八月二十六日閲覧）

23　前掲注18、山陰民俗学会（一九九七）

24　前掲注12、森山公民館（一九八六）

25　前掲注9、宮地（一九五九）

26　宮本常一は「旗垣神社」からやってくる神官と記しているがこれは間違いで、そのような神社は周辺に存在しない。

# 出雲大社と古伝新嘗祭

岡田莊司

**おかだ・しょうじ**
昭和二十三年神奈川県鎌倉市生まれ。同四十八年國學院大學大学院文学研究科修士課程修了。國學院大學文学部と神道文化学部教授を務め、令和元年退職。現在、同大学名誉教授。博士（歴史学）。専攻は古代中世神道史、宮中祭祀・大嘗祭研究。
【編著書】
『平安時代の国家と祭祀』（続群書類従完成会）、『大嘗祭と古代の祭祀』、編著に『日本神道史』『事典　神社の歴史と祭り』『事典　古代の祭祀と年中行事』（ともに吉川弘文館）など。

記紀神話の基本構想は高天原〈天つ神〉世界と天下（出雲）〈国つ神〉世界との二極相対の構造をもっています。葦原中国の統治は、天つ神の皇孫（皇御孫命）の権限であるとされ、天皇による国家統治の正当性（＝祭祀権）を確保するために国土の譲渡を構想して、大己貴神の鎮まる神殿の創建が語られ、その譲渡神話の地上的再現が出雲大社の創立へとつながっています。古代の出雲は、神話・祭祀・建築において特別の存在を表現してきました。とくに神殿巨大柱の出土や藤原宮木簡の発掘により、神話と歴史が直結していることが明らかになりました。大和の宮都近くに鎮座する大神神社と、最果ての出雲に創建された出雲大社の祭神とは、同一の神とされ、出雲国造が都に出て「出雲国造神賀詞」を奏上しました。

令和元年新天皇陛下の即位・大嘗祭が行われました。天皇の大嘗祭と新嘗祭、出雲国造の代替わりの祭祀である火継神事と毎年の古伝新嘗祭とは、連動した関係が認められます。そこで双方の祭祀を比較・照射してみたいと思います。

## 一　出雲大社の神話と神殿

出雲地域では荒神谷遺跡や加茂岩倉遺跡など、重要な遺跡の発掘がつづきましたが、とくに関心深かったことは出雲大社境内の発掘調査でした。平成十二（二〇〇〇）年四月、出雲大社本殿前の八足門《やつあしもん》付近から、鎌倉中期、宝治二（一二四八）年造営の遺構かと推定される神殿の巨大柱が発掘されました。杉の大木三本を束ね一本にしたもので、中央の心御柱、南中央の宇豆柱、南東側柱の三箇所が確認されています。現在、出雲大社宝物殿と島根県立古代出雲歴史博物館で展示されています。平安時代後期の「官宣旨」によりますと、「天下無双の大《たい》廈《か》、国中第一の霊神」と呼ばれた大規模の神殿でありました。当社は、『延喜式』の名神大社であり、大神宝使発遣の神社、また出雲国一宮に列し、巨大神殿の存在が古くから伝承されてきました。大社造の建築平面図である『金輪御造営差図』は、出雲国造千家家に伝来し、その図には、三つの円を一つの大円に束ねた形式で、田の字状に九箇所に図示されています。図の写しは、千家俊《とし》信《ざね》から本居宣長に伝わり、宣長の著名な著書である『玉勝間』には、図面が載せられ、広く知られるところとなりましたが、宣長も巨大神殿の実在には、疑問をもっていました。明治以後、近年まで、建築史家を中心に、巨大神殿の否定論が強かったのですが、巨大柱の発掘により、その疑問は解消され、高層神殿造営の信憑性は高まったといえます。

源為憲が天禄元（九七〇）年に編集した貴族子弟の教養書ともいうべき『口遊《くちずさみ》』には、大型建築物の順位として「雲太、和二、京三」が挙げられています。第一位は出雲大社神殿、第二位は大和の東大寺大仏殿、第三位は平安京の大極殿の順で、国家公的の天皇儀礼の場である大極殿よりも、最大の仏教寺院よりも出雲がもっとも高層であったことは、注目してよいことです。その高さは、上古は三二丈（一丈＝約三メートル）、中古は一六丈、現在（近世中期）は八丈であると伝えてきました（『玉勝間』）。東大寺大仏殿は一五丈、約四五メートル（『東大寺要録』に引く「延暦僧録」）とあるので、これ以上の高さということになります。平安中期の記録によれば、風が無いのに、神殿が倒壊したと書かれています（『左経記』）。その原因は高層建築であったから、ともいわれるところです。

出雲大社の御祭神大国主大神は、『日本書紀』の神名表記では「大己貴神」でありますが、以下では、『古事記』の神名表記に統一し、大国主神と呼んでいきます。出雲神話では、天の下の国作りをすすめた大国主神は、葦原中国を天つ神に献上します。いわゆる国譲り神話です。

『日本書紀』第九段に、「天神、経津主神・武甕槌神を遣して、葦原中国を平定めしむ」とあり、「夫れ汝が治らす顕露の事、是吾が孫治らすべし、汝は以ちて神事を治らすべし、又汝が住むべき天日隅宮は、今し供造らむ、即ち千尋の、栲縄を以ちて、結びて百八十紐とし、其の造宮の制は、柱は高く大く板は広く厚くせむ」とあります。

天つ神高皇産霊尊は大国主神に勅して、大国主神の治める顕露の事は、天つ神の皇孫《すめみま》が治め、大国主神は神事（幽事）を治めること、そして大国主神の住むべき「天《あめの》日隅宮《ひすみのみや》」の創建を約束しました。その建物は、「柱は高く太く、板は広く厚くせむ」とあります。この巨大神殿において、天つ神から遣わされた天照大神の御子天穂日命が祭祀を掌ることとされました。天穂日命は出雲国造出雲臣の祖神とされています。ここに、天つ神の皇孫による国家統治の正当性が確認され、その譲渡神話の地上的表現が、出雲における大社の創建につながりました。

古代の大社と祭神・大国主神は、神話・建築・儀礼において特別の存在感を示してきました。大和から見れば、これは特別の扱い、待遇でした。とりわけ、記紀神話の三分の一は出雲神話で占められており、天皇神話のなかで、出雲は一地方ではなく、大和・伊勢と対比できる重要な役割を担っていたのです。日本の国土である豊葦原中国において、大和を中心に伊勢と出雲とは、国家的東西軸として重要視されました。

記紀神話の基本構想は、高天原〈天つ神〉世界と天下（出雲）〈国つ神〉世界との二極の構造のなかにあり、出雲は根国・底国につながった異郷世界として映し出されています。国作りの大神である大国主神は、葦原中国を天つ神に献上することで、神話に基づいた神殿の創建と儀礼・祭祀が整えられていきました。

古代の祭祀体系の基本軸は、宮都（大和の藤原京・平城京）から見ると、東（または東南）の方角は、東国の入口、東方経営の出発基地に伊勢神宮を配し、西（または西北）は外部に接し東アジアに広がり、朝鮮・韓半島との結びつきが強く、大陸と筑紫・北陸地域との交流の接点である出雲の地に出雲大社が置かれています。

東西軸の対極にある伊勢と出雲とは、神殿建築でも比較されてきました。伊勢神宮の神明造は、稲倉様式の切妻・平入構造です。一方の出雲大社の大社造は、宮殿様式の切妻・妻入構造であり、ここでも対極にあります。現存の大社本殿は、延享元（一七四四）年の造営（国宝指定）になり、建物の高さは、伊勢神宮正殿の二倍を誇っています。

大社の鎮座地である出雲郡杵築郷の地名起源は、天平五（七三三）年に編纂された『出雲国風土記』によると、「天の下造らし大神の宮」（出雲大社）を創始するにあたり皇神たちが集まって「杵《き》築《つ》きたまひき」とあります。巨大神殿の柱の根元を衝き固めたことに由来して名付けられています。出雲大社は、古代においては「杵築大社」（『延喜式』）と呼ばれてきました。戦後、「大社」号は地方の有力神社を中心に増えつづけてきましたが、それ以前までは、出雲大社に限られた社号でありました。例外として、『出雲国風土記』では、意宇郡の「熊野大社」がありますが、同社も古代においては、出雲大社と並ぶ出雲国造が御祭りする大社でありました。

『養老神祇令義解』天神地祇条には、天神は「伊勢（伊勢神宮）・山城鴨（賀茂別雷神社・賀茂御祖神社）・住吉（摂津・住吉神社）・出雲国造斎神（出雲・熊野大社）等の類、是なり」、また、地祇は「大神（大和・大神神社）・大倭（大和神社）・葛木鴨（大和・鴨都波神社）・出雲大汝神（出雲・杵築大社）等の類、是なり」とあります。「出雲大汝神」を祭る出雲大社とともに、素戔嗚尊をお祭りする熊野大社が出雲国造の斎く神とされてきました。出雲においてもっとも崇敬されてきた神社でありました。

巨大柱の発見は大きな驚きでありましたが、もう一つ、大和の都である藤原宮から、小さな木の板が発掘されたことも、神話と歴史をつなげる上で大きな発見でありました。その木簡には「出雲評支豆支里大贄煮魚須々支」と記されていました。この文字で書かれた内容は、「出雲評」（のち評から郡となる）の大社が鎮座する「支豆支」（神亀三〈七二六〉年「杵築」に字を改める）里（郷）より、天皇のもとに大贄として「須々支」（鱸）の煮魚が貢納されていたのです。

持統朝の藤原宮造都（六九四年）以降、「郡」の字が使われるようになる大宝律令制定（七〇一年）以前に、神殿創建と深く関わる「支豆支」（杵築）の地名は、持統朝には用いられていたことになり、巨大神殿は、持統朝以前に創建されていたことになります。

『古事記』上巻の国譲り神話は、木簡にある鱸貢納の史実を反映した事項が記載されています。大国主神は葦原中国を天神に献上することを誓い、出雲国の多芸志の浜に天の御舎を造り、天つ神の使い建御雷神（常陸鹿島神宮・大和春日神社の祭神）らを迎えて、天の御饗を献ります。

「出雲国の多芸志の小浜に、天の御舎を造りて、水戸神の孫櫛八玉神を膳夫と為りて、天の御饗を献りし時に、禱き白して、櫛八玉神、鵜と化り、海の底に入り、底のはにをくひ出だし、天の八十びらかを作りて、海布の柄を鎌りて、ひきり臼を作り、こもの柄を以てひきり杵を作りて、火をきり出して云はく、

是の、我がきれる火は、高天原には、神産巣日御祖命の、とだる天の新巣のすすの、八拳垂るまで焼き挙げ、地の下は、底津石根に焼きこらして、栲縄《たくなわ》の千尋縄《ちひろなわ》打《う》ち延へ、釣《つり》為《す》る海人の、口大の尾翼鱸《をはたすずき》、さわさわにひきよせ騰げて、打竹のとをとをに、天の真魚咋を献る」

とあり、建御雷神は高天原に帰り復命して和平を迎えます。

ここには、大国主神は国譲りにあたり、出雲国多芸志浜に天つ神のために天の御舎を建て、海人が鱸を釣り、天の御饗として鱸の魚料理を献じて服従する神話が描かれています。これは、出雲の杵築から天皇供御のための鱸の貢納が行われていた史実を前提として神話が伝承されており、大和（天皇）と出雲とが、神話と歴史で緊密な友好的関係が保たれていたことを伺うことができます。『出雲国風土記』によると、鱸は杵築の地の前に広がる神門水海《かんどのみずうみ》から漁獲されており、近世には松平不昧公が好んだ郷土料理である、腸をとらずそのまま濡れた奉書で包み、ほうろくで焼く「鱸の奉書焼き」の素材として知られています。出雲歴史文化博物館の常設展示の入口近くには、この木簡と口を大きく開けた鱸の魚のレプリカが皆様を迎えてくれます。わたしは、『古事記』の神話と歴史史料としての木簡との一致に驚きました。まさに出雲神話と出雲・大和の歴史が合体した瞬間に出会うことができたといえるでしょう。その衝撃は、巨大神殿の柱発掘とともに、いまも強く記憶に残っています。

出雲大社から東へ二〇〇メートル行くと、命主社《いのちぬしのやしろ》が鎮座しています。この場所から、近世前期、寛文五（一六六五）年に銅戈・勾玉が発掘されています（真名井遺跡）。また、大社境内の神域中心部からは、古墳時代前期（四世紀後半）の土師器・甕・勾玉・臼玉類が発掘されています。この時期には、宗像沖ノ島や大和三輪山の山ノ神遺跡と共通する祭祀形態が、出雲の大社神域内でも始まっていたことを確認することができます。大社内における祭祀は、古墳時代前期、さらに弥生末期まで遡

ることが可能であり、その起源は古くからのものです。

この出雲の神域の地に、神話に語られた神殿を再現した、天皇の宮殿に匹敵する「神の宮」が創建されていった確実な記録は、『日本書紀』斉明五（六五九）年是歳条の大社創建の記述です。神社建築を記録から確認できる最古のものといってもよいでしょう。

『日本書紀』斉明天皇五（六五九）年条に「出雲国造〈名を闕せり〉に命せて、厳神の宮を修めしむ。狐、於（＝意）宇郡の役丁の執れる葛の末を噛断ちて去ぬ」とある記事は、斉明天皇による国家的プロジェクトとして、天津神の伊勢に対する東西軸の西に、国津神の代表として建てられていたことは確実でしょう。

その創建には、出雲国造の本拠地である意宇郡の人々が参加しているので、これを同郡の熊野大社に比定する説もありますが、神話の構図と斉明天皇がとくに天穂日命の後裔である出雲国造に命じていることを考えれば、出雲大社の創建の方が妥当性が高いといえるでしょう。

出雲の神殿創建に関しては、『古事記』垂仁天皇条に、出雲大神の祟りにより、本牟智和気皇子が成人しても言葉を喋らなかったため、皇子を出雲に参拝させ、神宮を造らせたと伝えています。出雲大神の神殿は、「天皇の御舎《みあらか》」のような宮殿と同様の立派な建物の造営が求められています。この垂仁記の伝承に対応しているのが、神殿創建の前年、斉明四（六五八）年五月、八歳で亡くなる斉明天皇の皇孫、建王《たける》（中大兄皇子の御子）と重なってきます。建王も言葉を発することができず、天皇は自身の没後、陵墓に建王との合葬を望まれるほど悲しんだといわれています。皇孫建王の死は、斉明天皇をして神話を現実に映し出す、出雲における神殿創建の動機となっているのでしょう。斉明天皇は多くの大型公共工事を進めたことで知られていますが、出雲の神殿創建もその一環であったと思われます。また、出雲は対外交流の拠点となっていたことから、この頃、朝鮮半島における新羅・百済の争乱が少なからず影響していたでしょう。

大社神殿における祭祀の特徴は、明治以前まで殿内祭祀、同床共殿でありました。出雲大社教所蔵の絵図である「出雲大社本殿内の図」はそのことを示しています。これは、大社以外の神社祭祀が、神殿の外、屋外や庭上祭祀の作法を基本としていることと大きく異なります。伊勢神宮では立派な神明造の建物がありながら、明治以前まで、正殿の床下で祭祀が行われてきました。殿内祭祀は大嘗祭と新嘗・神今食など、天皇の親祭祭祀に限られてきた祭式作法です。それは皇御孫命である天皇が天照大神の祭祀者となる祭祀と、天つ神から遣わされた天穂日命の神孫出雲臣・出雲国造が大国主神の祭祀者となる祭祀において、殿内祭祀であったという共通点を見出すことができるのです。

さらに言えば、出雲の殿内祭祀は祭神・大国主神の神裔ではなく、天つ神側から派遣された天穂日命の神裔による同床共殿の祭祀法であることに重要な意味をもっているのでした。大社では、住居形式の神殿内に出雲国造が奥深く入られ、厳しい斎戒のなかで、奉仕されてきたことが重要です。

## 二　出雲国造の祭祀儀礼と新嘗会

ここから出雲国造の祭祀と儀礼について論じていきます。そのことに関しては、つぎの資料と講演録が既に出ておりますので、詳しくはこちらをご参照ください。

・「出雲国造の新嘗会と火継神事」(『島根県古代文化センター調査報告書』第六号、一九九九年)

・講演録「古伝新嘗祭と出雲国造」(『しまねの古代文化』第八号、島根県古代文化センター、二〇〇一年)

・講演録「宮廷儀礼のなかの神賀詞奏上儀礼」(『しまねの古代文化』第十六号、島根県古代文化センター、二〇〇九年)

右の三番目の講演録は、森田喜久男氏をコーディネーターに、水林彪・和田萃両先生とご一緒に、平成二十年十月に行われた「天皇の前で語られた「出雲神話」—出雲国造神賀詞奏上の謎に迫る」シンポジウムにおいて、問題提起したものです。懐かしいことです。この年は七月には、延喜式研究会と出雲古代史研究会の合同大会が開かれ、いまは亡き虎尾俊哉先生とご一緒に講演をさせていただきました。その講演録は『延喜式研究』二五号、出雲大会特集(平成二十一年)「古代律令神祇祭祀制と杵築大社・神賀詞奏上儀礼」に収録されています。

この時は、六〇年ぶりに大社本殿拝観の機会をいただきました。出雲大社では本殿の修理に入るため、仮殿遷座祭がその年執り行われ、御神体が本殿から仮殿に遷されると、修理の工事に入る以前、神様がお留守の時間、本殿へ昇殿できる一般公開の機会が設けられました。本殿上の縁から周囲の殿舎を見下ろしたときは神の心地とも思えました。確かに高いと感じます。さらに本殿内部の配置、天井の彩色にも関心が注がれ、殿内祭祀に相応しい広さがとられていることが確認できました。私にとって最初で最後の拝観に心が躍り、生涯一度だけの有り難い時間でした。

心柱発掘の当時、出雲の古代文化研究センターの方々との会話で、これは稲佐の浜側の海から見ると、ランドマークタワーではなかったかと話が盛り上がったことがありましたが、本殿に上がると、むしろ三つのお山に囲まれ、曲がりくねった奥の隅に祀られたとされる『古事記』に記載された「天日隅宮」と表現された地形の方が妥当のように思われたことでした。これは神殿に昇ってみないとわからない、神々の世界のことでもありました。

大化前代まで、大和朝廷任命の地方官として各地に置かれていたのが国造《くにのみやっこ》であります。律令制下になると、国司制度に移行し、国造は名目のみとなりましたが、大社の大国主神祭祀を掌った出雲国造のほか、日前国懸神宮の紀国造など数例は、その後も世襲的に祭祀職を受け継いできました。

奈良時代の霊亀二（七一六）年から平安初期の天長十（八三三）年まで、国史上二〇例ほど、出雲国造が都に上京して、天皇の御世が永く続くように寿《ことほ》ぎ、「出雲国造神賀詞」（『延喜祝詞式』）を奏上し祈念する儀礼がありました。

「乃ち大穴持命の申し給はく、皇御孫命の静り坐さむ大倭国と申して、己命の和魂を八咫鏡に取託て、倭大物主櫛𤭖玉命と名を称て、大御和の神奈備に坐せ、（略）皇孫命の近き守り神と貢り置て、八百丹杵築宮に静り坐しき」

その詞章では、大国主神（大穴持命）の和魂を三輪山はじめ飛鳥の各所に鎮め、天皇の「近き守り神」とし、大神自らは出雲大社に鎮座したことが奏されます。

『日本書紀』第八段に記載された、大国主神（大己貴神）は自身の「わが幸魂・奇魂」に問いかけ、「吾は日本国の三諸山に住まむと欲ふ、故、即ち宮を彼処に営りて、就きて居しまさしむ、此、大三輪の神なり」と仰せ出されました。

ここに大和の大物主神は、出雲の異郷世界から特別の霊威を受けることで、緊密な関係をもち一層の神威強化が図られました。「神賀詞」の詞章原形の成立は、飛鳥の宮域守護を意図しており、天武朝・斉明朝まで遡ることが可能であると思われます。

出雲国造の職を世襲した出雲臣の祖神天穂日命は、記紀神話によると、葦原中国の平定のために派遣されましたが、大国主神に媚びて、三年になるまで復命することがありませんでした。

その復命・復奏の儀礼として創始されたのが、この奏上儀礼でありました。古代において朝廷の儀式・祭祀は、天津神から言寄《ことよ》されたこと（委託）に起因しており、復命することが基本原則でした。ところが神話世界では復命しないで終わっています。それが歴史の儀礼のなかでは、復命する構成に組み立てられています。これも出雲神話と出雲大社と国造に展開する歴史とが一体・完結していることを意味しているのです。ここにも循環型祭祀体系が確立していました。相互共存、依存の関係が保たれていたのです。

出雲国造上京儀礼は、①出雲国造の任命と神祇官における横刀以下の負幸物《おいさちもの》の下賜、②第一次、献物奉献と神賀詞奏上、③第二次、献物奉献と神賀詞奏上の、入朝して三度の儀礼が行われます。これは天つ神によって遣わされた天穂日命の子孫によって、神話の故事に因んで奉仕される返り事報告であり、出雲側の象徴物である神宝が奉献されました。

奏上儀礼に用いられた「神賀詞」には、「天の下を見廻りて、返り事申し給はく」と、天穂日命の「返り事」が奏上されており、この儀礼によって復命が完了することになるのです。霊亀二（七一六）年の儀礼成立時の前後には、『古事記』『日本書紀』が成立しています。記紀神話に見える復命が無いままでは、天つ神と国つ神、朝廷と出雲との繋がりは確保されないことになります。神話における復奏がされないことを解除するためには、復命・返り事の儀礼を必要としました。神話と神賀詞奏上儀礼は連動した関係にあり、神話と儀礼により完結する事例の一つであります。

この儀式には、出雲国造が出雲国内の神社祝部百数十名を引率して入朝しています。出雲の国内神社の官社数は、『延喜神名式』によると、一八七座（神社数も同数）で、これは大和国、伊勢国に次いで多い数です。天平五（七三三）年成立の『出雲国風土記』では、官社一八四所、非官社二一五所とあります。奈良前期から『延喜式』成立時までに、僅か三座しか増えていないのです。これらの官社数に匹敵する祝部が、大和入朝へ参加する人員の中心になっていました。

『古事記』では大国主神の御子を「百八十神」とあ

り、『日本書紀』では「一百八十一神」とあります。「百八十」の数は、「八十」「八百万」などとともに、数量の多さを示すものでありますが、出雲国内の官社数が、全国的な律令官社制形成当初から一八〇余に選定されているのは、記紀神話に記された大国主神の御子の数字を前提として、その実数の官社が選ばれており、出雲国内の官社制は出雲神話に対応した構図となっているものと思われます。出雲国内の神社祝部が国造とともに入朝して、神賀詞奏上と献物奉献をするのは、出雲の国譲り神話の地上的表現であり、国つ神・出雲世界へとつながる律令祭祀制のもう一つの柱として機能しました。

　神社祭祀の淵源は、磐座祭祀・聖水信仰など、自然景観との関連が指摘されてきました。これらは五世紀初頭以後の宗像沖ノ島、三輪山周辺遺跡など、各地の遺跡の発掘から祭祀の連続性が確認できるところです。一方の、天皇新嘗と大嘗祭の源流は、磐座・神社祭祀とは異なり、大王・豪族の居館内神殿に発し、祖神祭祀が想定されるところです。この延長線上に、天皇祭祀における新嘗祭と大嘗祭、これに対応する出雲の古伝新嘗祭と火継神事があげられます。

＊居館内神殿―祖神祭祀⇒宮中・新嘗・天皇親祭〈内廷〉→大嘗祭
　（出雲）古伝新嘗祭→火継神事

＊自然景観―磐座・聖水祭祀⇒神社・天神地祇祭祀・神祇官班幣・祈年祭
　（地方）神社祭祀

祭祀起源の二系統として、居館内神殿・新嘗祭祀の原形がはじまり、さらに自然景観を背にした磐座・聖水祭祀から発した神社が成立していきました。伊勢の神宮祭祀では、この二系統が合成された新たな祭祀形態を確定させ、皇祖神祭祀の宗廟としての地位を確立してゆきます。また、天皇宮中では新嘗を拡大した大嘗祭が成立し、伊勢神宮と大嘗祭とは、ともに天皇祭祀権に基づく皇祖・天照大神への祭祀でありました。

　一方の東西軸の西に位置した出雲でも出雲大社の祭祀者である出雲国造の就任儀礼として火継神事が行われてきました。新国造は神火と真名井水を用いて炊飯された御飯を神に捧げ、国造自身も頂き、神火相続の儀式が行われ、国造の火継神事も、毎年行われる十一月の古伝新嘗祭との関係は深いものです。

大嘗祭と火継神事とは、ともに稲の御飯を主とした食膳の供饌と神と一緒に食事を共にする直会《なおらい》の作法の祭祀ということでは一致しています。また、用意される御飯は神聖な忌火と聖水とで炊飯されていることも共通しており、ともに最高の祭祀の本義を伝えてきました。

さて、最後に表題に掲げた出雲国造の新嘗祭に入ります。現在、古伝新嘗祭は十一月二十三日夜、出雲大社で行われる新嘗祭のことで、明治以前は新嘗会といい、出雲国造の本拠地とされる大庭（松江市）の千家・北島の国造別邸と神魂《かもす》神社で斎行されてきました。その神事次第は、十一月卯の日に大庭の国造別邸において、火きり神事が行われます。熊野大社の別火代亀太夫から火切り板を受け取り、これを用いて忌火をおこし、御飯を炊飯する。このあと国造は束帯を着け、神魂神社に向かい、神前に神膳が置かれ、庁の舎において祝詞奏上が行われる。こののち、神門川で採集した小石を用いて歯固《はがため》の作法がある。国造は眞名井の水を使って口を漱ぎ、一夜酒を頂戴する。また国造は榊を両手に持ち、拝舞の作法である百番の神舞を務める。大神の霊威を頂き、神へ感謝する所作といえよう。このあと、国造別邸に戻り、国造は御釜の正面に着座、別火は「あらたなし」（「あらたぬし」とも）と唱え、御釜の周りを三度廻る。荒田無しということか、荒田を良田に変えていこうとする来年に向けての農耕予祝の祈りであろうか。平安時代中期に自然発生で起こった志多羅神の信仰では、「八幡種まく、いざ我等荒田開かん」という童謡が詠われたことが思い起こされます。ついで歯固と百番の舞が、神魂神社と同じく務められ、直会の儀があります。翌日の辰の日は、侍の神事と呼ぶ饗宴の儀があり、杵築へ帰途につきました。この饗宴は天皇の新嘗祭の豊明りの節会に当たるものので、一年の農耕豊穣への感謝と国造身体の保全を祈念したものでした。それは新嘗祭において天皇が国家・国民の安寧を祈ることと同じく、出雲の地域と人々の安寧を願った神事といえます。以上は近世の国造日記にもとづいた記録によります。詳しくは、先に紹介しました「出雲国造の新嘗会と火継神事」に詳しく載せられています。

出雲国造は、神聖な火で炊いた御飯と醴酒《ひとよざけ》を頂く相嘗の儀と、歯固・百番の舞・御釜神事が行われ、また、国造の代替わりごとに、神火・神水を受け継ぐ火継神事が、これも神魂神社で執り行われてきました。これらは祖神の霊威を受け継ぐ古式の稲作収穫祭儀に淵源があり、毎年の天皇新嘗儀礼と天皇代替わりごとの大嘗祭に類似した出雲国造家に伝わる特殊神事であります。ただし、今のところ、国造の火継神事と新嘗会について、中世以前に遡る記録は残念ながら確認されていません。現在、北島家文書の整理が進められ、中世の新史料が発見されつつあります。これら北島・千家をはじめとした社家文書の新たな発見が期待されます。

これまで出雲は大和に征服され、その後、服属してきたと考えられてきましたが、そうではなく、大和から見て出雲は神話に基づいた特別の聖地として意識されてきました。最初の国史である『日本書紀』によると、神話と七世紀後半の国家の形成過程において、日本列島の東西軸に位置する出雲と大和・伊勢とは、神話と祭祀のなかに構成され、相互補完の深い絆でつながってきたのです。

令和二年（二〇二〇）は『日本書紀』が誕生して一三〇〇年目を迎える節目にあたります。出雲は神話と祭祀を伝えてきました。

出雲大社の祭神大国主神（大己貴命）は、少彦名命と協力して、天の下を作り蒼生《あおひとくさ》（人民）と畜産のために医療の方法を定め、人々は皆多くの恩頼（ミタマノフユ）を受けたと伝えています（『日本書紀』神代上、第八段、第六の一書）。

出雲の過去の歴史を振り返り、厳しい現在を乗り越えて未来を皆様で作り上げていってください。

**【参考文献】**

千家尊統『出雲大社』学生社、一九六八年
大林組プロジェクトチーム編『古代出雲大社の復元』学生社、一九八九年
平井直房『出雲国造火継ぎ神事の研究』大明堂、一九八九年
大社町史編纂委員会編『大社町史』上・中巻、一九九一・二〇〇八年
西岡和彦『近世出雲大社の基礎的研究』大明堂、二〇〇二年
奈良文化財研究所編『出雲大社社殿等建造物調査報告』大社町教育委員会、二〇〇三年
奈良文化財研究所編『出雲大社境内遺跡』大社町教育委員会、二〇〇四年
椙山林継・岡田莊司・牟禮仁・錦田剛志・松尾充晶『古代出雲大社の祭儀と神殿』学生社、二〇〇五年
京都国立博物館・島根県立古代出雲歴史博物館編『大出

雲展』二〇一二年
岡田莊司・笹生衛編『事典　神社の歴史と祭り』吉川弘文館、二〇一三年（本稿では、「出雲大社」の項目をもとに加筆しました）
岡田莊司編『事典　古代の祭祀と年中行事』吉川弘文館、二〇一九年

# あとがき

明治二十三（一八九〇）年に島根県尋常《じんじょう》中学・島根師範学校の英語教師として赴任したラフカディオ・ハーン（小泉八雲）は、その著書『日本瞥見記《べっけんき》』のなかで、「出雲はわけても神々の国であり、いまでもイザナギ、イザナミの子孫が、深くその宗祖を尊崇している」と述べている。確かにハーンが指摘したように、出雲には古社が多く、出雲びとの信仰心も強い。したがって、祭りも多く、平野部・山間部・海岸部を問わず、また大社・小社を問わず、各地で地域色にあふれた祭りが執り行われている。

それぞれの祭りについては、『出雲祭時記』（講談社／昭和五十五年）や『祭礼行事・島根県』（桜楓社／平成三年）、『祭礼事典・島根県』（桜楓社／平成三年）などにより美しい写真とともに紹介され、出雲地域で行われている主な祭りについて、その概要を知ることができる。

ところで、祭りは大別すると、「予祝・神迎え・神降ろし」と「神々の巡幸・風流道中」、「神々への感謝・神送り」となるが、祭りについて本来的な趣旨を踏まえて述べたものはまだ少ない。また、祭りに欠かすことのできない「神楽」や「直会《なおらい》」、「行事食」などの長い年月をかけて育まれた伝統文化を、祭りとリンクさせて述べたものは極めて少ない。

したがって、祭りをトータルに理解するためには、祭りの本来的な意味を踏まえ、「神楽」、「直会」、「行事食」も含めて捉え直す必要がある。平成三十年度公開講座「出雲の祭りと地域文化」は、このような問題意識に基づいて行ったものである。そして、本書はこの公開講座の内容を書籍化したものである。

いづも財団公開講座は、一講座二講演をワンセットとし、年間五講座を開講し、主題へのアプローチを試みている。ただ、諸般の事情から、一人当たりの講演時間が七〇分と短いために、依頼したテーマについてはすべてを語り尽くせなかった講師先生もいる。そこで、当財団では、講師全員に語り尽くせなかった内容やその後の知見も付け加えて、原稿を書き下ろしていただいている。そのために、主旨は変わらないが、講演と論考のテーマが多少異なる場合もある。それは、このような事情によるものと考えていただきたい。

本書は、次のような章立てになっている。

序　章　第Ⅰ期公開講座の主旨と実施状況　第一章　神事と祭礼

第二章　出雲大社の年中行事の特質と地域文化　第三章　予祝・神迎えの神事と芸能

第四章　神霊の巡幸と風流道中　第五章　神々に五穀豊穣を報告・感謝する神事

序章は、公開講座の主旨や計画、各講演の概要、受講者数などについて事務局でまとめたものである。

第一章は、品川知彦氏に神事（祭）と祭礼の違いについて述べていただいた。様々な事例があるので、概念規定は難しかったと思われるが、最大公約数として「祭（神事）が神職や氏子・信者によって夜に行われるのが本来的なもので、祭礼はこれに見物人が加わって昼に行われるもの」とまとめている。また、祭の構成が神祭り・直会・饗宴で成り立っていることなどを、出雲地域の様々な祭を事例に紹介している。錦田剛志氏は、神事や祭礼に関連して「直会」行事の実際を紹介している。出雲では神事を伴わない慰労会や懇親会まで「なおらい」と呼んでいるが、本書ではその本来的な意味についても述べている。

第二章は、出雲大社の年中行事の特質と司祭者である国造家の年中行事について述べたものである。出雲大社の神事や祭礼については、これまで個別的には紹介されてきたが、年間の神事や祭礼の構造について述べたものは極めて乏しかった。井上寛司氏は、中世出雲大社の年中行事の特質は農事暦が基本となっており、年四回の御頭《おんとう》神事（一月七日・三月三日・五月五日・九月九日）は地域民衆も参加するように構成されていた。出雲大社の中世の祭りは、地域の農事暦と深く関わる素朴な祭りであったことを指摘された。これが、出雲大社が千年近くにも亘って、地域住民から崇敬される神社であり続ける理由の一つであろう。また、出雲大社や国造家の年中行事のあとには、行事食が振舞われた。どのような行事食が振舞われたか、山﨑裕二氏は北島国造家の慶長三（一五九八）年の年中行事覚書から、それぞれの行事食を抽出し、中世の「食」文化について考察している。

第三章は、予祝・神迎えの神事と芸能について述べたものである。予祝神事では、日御碕神社の和布刈《めかり》神事を取り上げた。和布刈神事は近年マスコミ等で注目されているが、研究的には未開拓な分野である。内田律雄氏は、考古学的なアプローチにより、和布刈神事を全国的視野から考察している。また、石山祥子氏は神迎えを佐陀神能《さだしんのう》（松江市鹿島町）や大土地《おおどち》神楽（出雲市大社町）、唐川《からかわ》神楽（出雲市唐川町）などの神楽を通して、それぞれの神楽では神迎えがどのように表現されているかを述べている。

第四章は、神々の巡幸と風流道中を述べたものである。野坂俊之氏は、佐志武《さしむ》神社（出雲市湖陵町）の祭礼の特色を巡幸する神事華《じんじばな》に求め、これを全国各地にみられる「祭り花」と比較することによって、佐志武神社の祭礼の特質について述べている。また、安部登氏は、日本三大船神事と言われる水上渡御祭《とぎょさい》ホーランエンヤ（松江市）の由来について述べている。ホーランエンヤは、当初は素朴な神事であったが、時代が進むにつれてこれに歌舞伎などの様々な要素が加わり、今日のような大規模な祭礼になったことが簡潔にまとめられている。巡幸と風流道中は、神霊と地域住民とが直接触れ合う祭りであるが故に、大規模化しやすかったのであろう。

第五章は、神々への五穀豊穣の報告・感謝の神事について述べたものである。中野洋平氏は、鹿島町・島根町・美保関町（いずれも松江市）に伝わる「ヨメノイ（嫁の飯）」神事を通して、五穀豊穣の感謝について述べている。また、それぞれの集落では当屋《とうや》制に基づく祭りが行われていることを紹介している。岡田荘司氏は、古代まで遡る神事として出雲大社の古伝新嘗祭《しんじょうさい》の意味や意義について述べている。岡田氏によると、一つ一つの神事が五穀豊穣の神恩感謝や今後の国家繁栄など様々な意味をもっているとのことである。また、新天皇の即位・大嘗祭と新嘗祭、出雲国造の代替わりの祭祀である火継ぎ神事と毎年の古伝新嘗祭とは連動していると述べている。

最後になったが、本書の刊行にあたり、忙しい中をご執筆いただいた講師の先生方にまずもって感謝したい。また資史料を提供いただいた出雲大社、千家国造家、北島国造家に厚く感謝申し上げたい。また島根県立古代出雲歴史博物館をはじめ多くの方々から多大なご協力を賜った。皆様方に厚く御礼を申し上げたい。

令和二年九月吉日

公益財団法人いづも財団
出雲大社御遷宮奉賛会

◆**執筆者**（執筆順）

品川　知彦（島根県立古代出雲歴史博物館学芸企画スタッフ調整監）
錦田　剛志（万九千神社宮司）
井上　寛司（島根大学名誉教授）
山﨑　裕二（公益財団法人いづも財団事務局長）
内田　律雄（海洋考古学会代表）
石山　祥子（島根県古代文化センター主任研究員）
野坂　俊之（出雲市教育委員会課長補佐）
安部　　登（NPO法人松江ツーリズム研究会副理事長）
中野　洋平（島根県立大学人間文化学部講師）
岡田　莊司（國學院大學名誉教授）

※令和２年９月１日現在

事務局　公益財団法人いづも財団
山﨑　裕二（事務局長）
梶谷　光弘（事務局次長）
松﨑　道子（事務局員）

**出雲の祭りと地域文化**

発行日　令和２年11月６日
編　集　公益財団法人いづも財団
出雲大社御遷宮奉賛会
発　売　今井出版
印　刷　今井印刷株式会社
製　本　日宝綜合製本株式会社

ISBN 978-4-86611-211-4